REMIX STRATEGY

The Three Laws of
Business Combinations

重混战略

融合内外部资源共创新价值

[美] 本杰明 · 戈梅斯–卡塞雷斯◎著
(Benjamin Gomes-Casseres)

徐飞 宋波 任政亮◎译

中国人民大学出版社
· 北 京 ·

这是一本轻巧而厚重的书。轻巧是因为主题聚焦精干，论述简明扼要，文字顺畅洗练，叙述生动有趣；厚重是指篇幅虽不足300页，但从职业生涯早期产生重混战略的初步想法，到后来长期从事业务组合咨询、教学和学术研究的积累，再加上酝酿、前期准备和最终完成本书的写作，卡塞雷斯教授前后耗费的时间不下30年，可谓“加强版”的十年磨一剑。因此，作为同样在相关领域有着多年教学和学术研究经验的学者，尽管工作繁重，但当人大出版社盛情邀请我翻译此书时，我非常爽快地应允了。

在具有高度复杂性、动态性和不确定性的商业世界，技术的突飞猛进和全球化浪潮一方面打开了新市场，同时也带来了新问题、新竞争，从而使企业竞争优势日益难以把握且转瞬即逝。无论是为了生存还是持续创新发展，多变的商业环境和竞争格局都要求企业进行收购、联盟、合资、共享市场、外包等各种组合，这恰是作者的核心观点，即整合或重混（remix）两家或多家企业（机构或组织）的资源或能力是创造价值的有效战略途径。当下，企业最重要的问题不再是该不该实施重混战略，而是什么类型的业务或商业组合最能满足其需求和期望，以及企业怎样才能更有效地管理这些组合。

基于战略的资源基础观和能力观，卡塞雷斯教授构架了一个可以解释企业联盟合作及资源整合过程中创造并获取价值的框架，揭示了资源能力重混对于企业实现 1＋1＞2 协同效应及获取竞争优势的重要性。进一步，他独创性地提出了企业如何通过合作创造价值进而获取收益的最基本的三大法则——确定潜在共同价值、管理合作关系、分享共同价值，给出了确定、管理和分享共同价值的必要工具，并利用大量案例展示了这些工具在不同情况下的实际应用。

概言之，重混战略是公司对目标、资源、组织体制的重新定位、重新配置、重新构造和调整，以适应内外部环境的变化，保持和创造竞争优势的过程。在此过程中，企业通过在战略层面对业务、组织结构以及财务等方面的调整实现企业的全面变革，促进企业机制转换与组织再造，重塑企业竞争优势，为企业构筑持续增长平台。企业通过重混战略，可以从战略上把握外部环境，在激烈竞争中保持清晰的发展思路，为公司持续增长提供坚实基础。

实际上，20 世纪初伟大的政治经济学家熊彼特最早关注到业务组合这一领域。在创业过程中他发现，即使无足轻重的企业日常事务，也会因为业务组合的不同而发生翻天覆地的变化。纵观当下企业竞争态势，为满足多个利益相关者需求，企业常常会选择构建战略联盟，联盟使得竞争空间从过往的“单个企业之间”转向如今的“战略集团之间”。战略集团的竞争体现了资源组合之间的竞争，其中，企业需要实施更加灵活多变的收购、合资或结盟等战术才能获得竞争优势，业务组合和商业组合俨然已成为企业竞争和创新的关键因素。企业的管理者们正在利用组合和重混战略推动创新发展，尽管这些组合的实施细节各不相同，但就其本质，都试图通过重新组合或资源再利用来创造价值。《重混战略》一书不拘泥业务组合的细枝末节，而是剖析每个组合的内在逻辑，试图帮助读者从战略层面理解企业的竞争与合作机理，提供给读者战略管理思维方式和工具，借助这些工具就能知道如何利用业务组合创造价值，如何管理资产组合，如何在长期交易中获利。

《重混战略》还为广大读者和管理者提供了重新思考企业战略核心问题的契机。竞争优势的来源是什么？企业如何应对变革和创新？公司治理如何影响竞争力？如何衡量企业战略决策的投资回报率？读者可在本书寻得解决上述核心问题的新视角。除此之外，本书从宏观视角关注业务如何影响企业的整体利益，提供考察企业所面对的竞争、监管、组织、人事和文化的核心原则，帮助经理人以更系统、更从容、更灵活的方式管理商业组合。

具体而言，全书分为重混的三大法则、评估组合关系、确定潜在共同价值、管理合作关系、分享共同价值、多合作伙伴群体中的三大法则、反思战略七章，内容涵盖三大法则的现实含义、关系谱、关系足迹、业务组合的价值创造、共同价值、价值栈，以及管理协同、三种关系模型、竞合、合作伙伴定位、群集、群体优势、关系优势等重混战略的核心内容。三大法则在具体应用时颇有挑战性，管理者不能生搬硬套、不能固步自封，如何不断在三大法则中进行权衡取舍，既要理性也需直觉，既是科学更是艺术。对此，本书在“洞见”版块提供了如何将理论框架应用于实践的小技巧。该书还提供了 20 个相应的重混战略工具，这些融入案例中的管理工具很好地体现了现代商业思维，对大型跨国公司、中小企业以及非营利组织均适用。

不同于市面上大多数已有的并购、联盟与合资等战略著作，本书的最大特色在于同时关切理论和实务，将研究者的学术思想和管理者的最佳实践紧密融合。在吸收了大量本领域学者理论研究和其他相关领域专家的管理智慧后，作者基于自身的研究经验、管理观察和实践检验，以及过去几十年来业界同事的交流心得写作此书。尽管不可避免地涉及经济、法律、组织设计、谈判以及其他相关领域的理论或观点，但作者都尽可能以非学术化语言深入浅出地加以阐释。为解释和说明理论，本书还介绍和分析了 50 余家重点企业的案例，包括众多行业的主要参与者，涉及航空、汽车、媒体、药品、信息技术、服务、消费品、能源等多个行业。

强调逻辑一贯性和操作实践性是该书的另一大特色。在回答企业如何创造新商业价值这一中心问题时，无论是针对单个企业还是多合作伙伴群体，本书都将业务组合的三大法则贯穿始终，一方面保持逻辑一致性，另一方面也有助于管理者专注应对业务组合识别、传递和价值共享全过程中的日常挑战。为了帮助企业将上述三大法则应用于具体决策，增强可操作性，本书围绕三大法则设计了一系列管理工具，这些工具对实操中解决和处理何时建立业务组合，如何管理合作关系，以及怎样确保企业获得与努力匹配的回报等都大有裨益。总之，作为市场上为数不多的解释业务组合创造新价值背后的重要概念和原理，并提供可立即实施的操作的著作之一，本书不仅可作为主导或参与并购、联盟、合资等重混战略的商界领袖和管理者们的实务指南，也适合作为相关领域研究者和学生的参考读物。

随着经济全球化进程的日益加快，中国企业的经营环境发生了剧烈变化，企业竞争力问题逐渐成为被关注的热点。竞争力是关系企业生存和发展的决定性因素，在激烈的市场竞争中，只有那些经营灵活、不断创新、富有竞争力的企业，才能长期生存并获取持续竞争优势；反之，那些缺乏活力、反应迟缓、缺乏创新、没有竞争力的企业终将被市场淘汰。企业战略重混已经成为企业提高竞争力，保持竞争优势的重要途径。未来企业为获得并保持竞争优势而进行的竞争将更为激烈，企业内部或企业间的业务及战略重混必将日益频繁和强劲。

当今商业环境唯一不变的就是变化，谁能快速识别变化、把握变化、管理变化，谁就能获得竞争优势。竞争优势并非与生俱来，也非一成不变，一招制胜的提前是企业快速敏捷地寻求机会，并针对竞争对手做出迅速反应。重混战略既可以帮助企业快速行动，又可以激发企业内部的创新力。企业使用重混战略转变商业模式，还可以创造竞争的新态势，追根究底，创造业务组合是快速重新定位企业的途径，新的组合也可以阻止竞争对手。通过巧妙组合内外部资源，可以展开新的业务或改变现有业务的核心。通过执行恰当的重混战略，能够创造新的价值，形成新的竞争优势，甚至根本改变面对竞争者的方式。

希望读者在阅读本书后，不仅能洞悉构建业务组合和实施战略的新思路，而且能够熟练运用重混战略管理工具将新思路落实到实践。无论是新成立的公司还是成熟的企业转型和重组，通过重混和配置资源，都可以创造出更好的新业务，或者将原有的业务重塑得更好。

《重混战略》中文翻译版是我们三人团队合作的结晶，宋波博士、任政亮博士在翻译过程中的敬业勤勉、认真专注令人印象深刻。在此，也向本书的编辑丁一老师表示由衷的感谢。

徐 飞 博士 教授

目录

REMIX STRATEGY

第一部分　重混资源创造新价值

第二部分　使用三大法则构建组合

第三章
第一法则：确定潜在共同价值

第四章
第二法则：治理合作关系

第五章
第三法则：分享共同价值

第三部分 重混战略改变竞争方式

第六章

在多方合作群体中应用三大法则

第七章

企业五大关键领域的决策转变

第一部分

重混资源创造新价值

REMIX STRATEGY

The Three Laws of Business Combinations

在当代音乐和艺术中，重混是指组合其他媒体的碎片创造出的一种媒介：拼贴画是图片的混搭；新歌曲可能来自其他歌曲音轨的混音；甚至通过剪切和粘贴创建的文本也是一种重混。

本书中，重混指的是将两家组织的资源、资产和能力进行混合重配以创造价值。它形成于各种各样的业务组合，如苹果与IBM的联盟，诺华公司和葛兰素史克公司的合资，沃尔格林和布茨的合并，乐施会和玛莎百货的合作，通用电气和物联网伙伴威瑞森、英特尔及思科的组合，以及美国国家宇航局和太空探索技术公司的联合开发。在当今变化迅速、相互关联的商业环境中，这种资产重混是竞争优势的基本来源。它带来新的想法，提供获取新能力和市场的方式，并让企业充分利用它们所擅长的业务。

实际上，最有可能的情况是，企业已经考虑过收购、联盟、合资企业和其他类型的业务组合。企业面对的关键战略问题不是这些组合是否必要，而是如何利用这些业务组合创造价值，以及怎样获得这些价值。

作为寻找外部合作伙伴获取资源和能力的高管人员，他们最需要一些关键问题的实用指南：企业需要什么类型的业务组合？随着时间的推移如何管理它们？企业赚取多少利润？该利润可以弥补投资吗？本书第一部分引入一个简单有效的框架，帮助企业做出这些重要决定。后续章节介绍的实用工具，将揭示如何利用重混战略赚取利润。

第一章

重混的三大法则

企业由外而内联系在一起。兼并、收购、合资、联盟、合伙和其他业务组合，是企业从外部引入资源的方式，它们为大多数企业所采用，成为企业获得竞争优势的关键。

这并不奇怪！在最基本的层面，新价值往往来自于将不同来源的思想和要素组合在一起，如劳动和资本、技术和品牌、硬件和软件、全球和区域。在优势难以持久的当今世界，资产、能力、市场和人才的组合，比以往任何时候都重要。这种为创造新价值而进行的资源组合，称为**重混**（remix）。

每家科技公司都知道其中的含义——尽管企业的交易机会应接不暇，但其成功往往取决于联盟网络（如谷歌及其合作伙伴安卓）。大型公司看中初创企业的创新能力，主要是为了学习开拓新的想法（如大型制药公司向生物技术初创企业投入大量资本）。传统工业企业在资产组合方面也不例外，至少有 10 家制造业公司在新兴市场有全球供应商网络和合作伙伴（如通用汽车公司和上海汽车工业总公司）。服务行业也有自己的方式，即通过网络与合作项目结合各方力量（如全球航空业的三大联盟：星空联盟（Star）、寰宇一家（Oneworld）和天合联盟（SkyTeam））。重混战略可能适用于每家企业。

尽管重混并非新生事物，但人们还没有充分把握如何将其应用于企业战略。真正的问题不在于是否应该获取外部资源，而是企业如何增强其竞争地位，如何创造价值，如何获取价值。无论是制定企业重混战略的高管、管理收购或合伙的中层人员，还是参与实际操作的基层管理者，都需要知道上述问题的答案。

在与企业管理层合作的过程中，我注意到他们的处事方式具有明显差异，这也促使我写作本书。在实施联盟和收购战略时，管理者已获得大量信息，实践经验也非常丰富。他们主要关注法律、管理和金融方面的具体细节，以及重混战略带来的人员管理和文化整合问题。然而，他们缺乏一套能为公司创造价值的指导原则。本书写作的初衷就是要提供一个简单有效的框架，帮助管理者清晰理解企业的关键决策，并将之成功运用于重混战略。本书将这些指导原则称为重混的三大法则。

有效利用资源的组合均遵循三大法则。这些法则虽不能公式化地确切表达，却是企业成功的必要条件。所有组合必须有创造共同价值的潜力，价值必须能够实现，且能按各方投资份额分享价值。各法则的现实含义如下：

第一法则：组合创造的价值应超过各企业单独创造价值的总和。第一法则回答了现实问题：企业共同在市场上创造了多少价值？为创造这些价值需组合哪些资源？

第二法则：为实现共同价值，组合必须精心设计和管理。哪些合作伙伴和组织结构最适合实现目标？企业如何管理该组合内在的风险和不确定性？

第三法则：每个组合成员都必须获得与其投资匹配的回报。企业如何分配共同价值？如何随时间变化而分享不同的价值？

基于在合作战略领域30年的咨询、教学和学术研究经验，我总结了重混的三大法则，它为从合作中创造与分配价值提供了有效、系统的方法。本书涉及的一些管理工具，有助于将上述法则应用于具体决策，包括何时建立业务组合、如何管理合作关系，以及怎样确保企业获得与付出相匹配的回报。

不论你在业务组合中扮演何种角色，都将从本书提出的重混方法中受益。如果你是公司决策者，当然需要做出战略决策，如选择正确的合作伙伴和合理的组织结构；如果你正在管理一家联盟或实施收购，也需做出许多符合该战略的决策，有时还需改变战略；如果能够理解业务组合背后的战略含义，销售、研发、财务、法律和人力资源等职能部门经理就能做出更好的决策。

作为企业高管、部门经理或项目经理，其决策将体现企业是否较好地遵循上述法则。例如，考虑某预期组合中的一项尽职调查活动，它具有技术性和复杂性，尽管在其他教材和实用手册中介绍过，但仍需理解潜在合作伙伴的战略要素：什么是价值的潜在来源？合作伙伴的关键资源如何匹配你的内部资源？本书将帮助经理人超越细节，而更多关注业务如何影响企业整体利益。

其他活动也同样适用，如财务分析、签订法律协议和组合实施与治理。对于公司价值的创造和获取，上述每项活动均有一定影响。当然，决策取决于公司所面对的竞争、监管、组织、人事和文化条件——这些具体条件对交易的实现必不可少。为帮助考查这些细节，本书提供一套核心原则。该原则既适用于企业活动，也适用于伙伴关系，进而能以灵活的方式管理业务组合。

尽管主要基于自身的经验、观察、理论和检验，本书也吸收了同行学者的思想、其他领域专家的观点，以及过去几十年来业界同事的心得。在研究者的学术思想和管理者的最佳实践之间，我试图搭建一座桥梁。我以前写的两本书聚焦该桥梁的两端，《联盟革命》（*The Alliance Revolution*）是学术论著，而《掌握联盟战略》（*Mastering Alliance Strategy*）偏向实务。本书同时运用理论和实务两种视角——不妨称为重混视角。本书虽涉及经济、法律、组织设计、谈判以及其他领域，但相关内容的表述不会学术化。这些理论不过是三大法则的基础，我们更强调它们的实践意义。本书还介绍和阐释了来自不同行业的大量案例，这些案例旨在解释和说明理论而不是检验其有效性。书后参考文献从学术角度提供了更多材料和关键思想。

重混是当今至关重要的颠覆性方式

长久以来，人们视业务组合为竞争和创新的关键因素。20 世纪初的伟大政治经济学家熊彼特（Joseph Schumpeter）最早关注该领域。如今，他因创造性毁灭的思想而闻名，也是毁灭性创新理论的先驱。在创业领域熊彼特亦有鲜为人知的发现，即企业日常事务可因业务的新组合而颠覆。他认为，企业家实现了这些新组合——现有和新的制造工艺的组合、市场和新的供应来源的组合、新产品和新技术的组合，甚至新的公司结构和战略的组合，它们是熊彼特创新理论的核心。

熊彼特的观察结论现在仍然适用，只不过其组合不仅仅是创业者当初遇到的那些。如今，公司的高管们也正在推动这一创新过程。在过去的十年里，从公司内外部进行资产和资源组合的战略得以广泛实施和推广。这些组合的细节各不相同：暂时或永久、松散或严格、排他或包容，等等。但从根本上说，它们都试图通过组合或再利用资源创造价值，公司的常见做法如下：

- 收购：购买其他公司的资产，或购买整家公司；
- 外包：通过签订合同，将业务承包给其他公司；
- 合资：通过合作运营或办厂，共享投资回报；
- 合作开发：通过许可证的方式共同研发产品；
- 共享市场：分享某产品的市场或渠道；
- 技术许可：购买或出售技术使用权（分别称为技术受让与技术授出）；
- 联盟：任何外部协作（也叫合作伙伴或合作）；
- 生态系统：支持企业发展的外部公司或技术的集合；
- 协会：为开发技术其他共同利益而形成的多方组织；
- 供应商网络：为公司提供投入要素的各种供应商关系；
- 开放式创新：从公司外部来源获取思想和技术。

必须明确，本书不关注上述组合的细节（或如何从中选择合适的组合形式），而是希望提供战略性地管理所有这些选择的一种思维方式，以及一系列工具——如何利用它们创造价值、如何管理资产组合，以及如何在长期交易中获利。

为何企业需重视这些组合？因为竞争环境的剧变可能导致企业命悬一线。如今，竞争不仅发生在单个企业间，而且更多发生在企业群体间。这些企业群体展现了资源组合之间的竞争。在该竞争中，企业需要收购与合伙等战术，且不能一成不变，这就是重混战略为何如此重要。本书将说明如何剖析每个组合背后的逻辑。

理解该逻辑非常重要，因为新的竞争类型通常不是业务层面的。大多数管理者更倾向于依靠自己资源的战略，或通过对关键决策起决定作用的合同来获取资源的战略。依赖一个有着自身利益和目标的伙伴，似乎有一定风险。为破解可能出现的僵局，分享决策可能是一个秘诀。各方之间的文化差异也增加了这些业务的复杂性和不确定性。毫无疑问，企业管理者担忧联盟和收购成功的可能性。本书将帮助企业克服这些困难，但是我相信这些担忧有些言过其实，专栏“重新调整企业的成功概率”解释了其中的原因。

洞 见

重新调整企业的成功概率

每个咨询顾问都会给出相同的建议："公司业务有一定百分率的失败可能性，让我们来帮助公司战胜困难。"我也同样如此。虽然这会得到你的关注，但它通常是错误的。哪怕有证据支持，具体的失败百分率也鲜被提及。问题出在具体数值的官方解释上。一旦想适当调整公司业务的失败率，进行业务组合就显得顺理成章。

考虑以下信息：粗略估计，有 1/3～2/3 的联盟在 10 年内失败。精确的失败率因许多因素而不同，没有统一的数据。你可能凭经验知道，联盟失败的代价高昂。虽然并非没有先例，但在兼并和收购中，完全失败不太常见。更常见的是，收购没有回本。

这是否意味着公司应该避免业务组合？还不至于。为得出正确结论，考虑下面三个问题：

业务伙伴关系破裂究竟意味着什么？信息并不太多——只不过反映了一些干扰作用。联盟解体可能意味着合作伙伴相处不好，从而使潜在有价值的合作项目搁浅。但它也可能意味着合作伙伴相处很好，已开发了新的能力从而没有必要继续合作。换言之，解体可能意味着业务组合的外部条件发生变化，需终止合作关系。

怎样才能降低失败的风险？有很多方法。有效沟通、互惠、宽容、灵活以及明确共同目标，都可以降低合作关系中的风险。本书除了介绍如何正确建立业务组合，也用大量篇幅阐述如何处理好合作关系。在过去的几十年里，我们已学会更好管理联盟和顺利实施收购的方式。许多公司有能力执行这些战略，且会衡量相应的执行效果及改善情况。

无论我们如何尽力降低失败率，风险仍会存在。即使关系风险降为零，大多数业务组合仍然有风险。风险不是来源于关系管理问题，而是来自业务组合目标。业务组合旨在完成一家公司难以单独做到的事情——推出新项目、开发新产品、重塑业务形态等。这些都是高风险业务。

最终，理解失败率的关键在于选择适当的基准（见第七章）。与初创企业相比，业务组合已经不错了，因为大多初创企业是彻头彻尾的失败。常规产品的推出也有不靠谱的失败记录——虽然只是零碎数据，许多新产品、新市场的进入，以及新品牌的延伸都失败了。在这些其他类型创业企业的背景下，或当你没有必要的技能时，选择一个管理较好的业务组合可能会降低风险。

很早的时候我就开始了解重混战略。在职业生涯早期，当我还在世界银行工作时就发现新兴市场上外国投资者和地方企业家之间的合作，创造了新的行业、新的就业机会和新利润。后来，通过对成千上万家公司的统计研究，我发现了公司合作时机、动机和方式选择的一般模式，以及影响联盟绩效的各种因素（特别是在进入外国市场时）。此外，我还深入考察了一些案例，包括在日本有合作伙伴的合资企业施乐和霍尼韦尔。20 世纪 80 年代末到 90 年代高新技术行业的爆炸式发展，促使我关注计算机行业的企业联盟群体竞争方式，并将之写入第一本书《联盟革命》和一些论文中。

在担任大型企业咨询顾问从事管理培训时，我获得了检验学术观点和理论工具的机会。期间我梳理了大约 50 家公司的内部运作方式，这些公司有的没有采用业务组合，有的则采用了。尤其是在礼来公司、戴姆勒、摩托罗拉、太阳微系统公司和惠普公司的那些年，我积累了很多经验，并由此提炼成第二本书《掌握联盟战略》和其他一些论文。针对重点企业的进一步教学和研究，我的非正式样本增加了另外 50 家公司，包括各个行业的主要参与者，如信息技术、传媒、服务、消费品、药品、汽车、航空以及能源等诸多行业。

通过这项工作，我发现业务组合帮助企业重组资源，从而创造出新能力，并巩固其在市场中的竞争地位。用生物学类比，基因工程通过 DNA 重组，将种子或细胞的特征转移到其他种子或细胞，从而创造出更适合某些功能的新生物。在知识方面，思想的碰撞也会带来新的想法。因此，重混战略的另一种说法就是**重组战略**（recombinant strategy）。

如今，重混战略在许多行业的作用比以往任何时候都大。当新的技术冲击旧有秩序时，该战略特别有用——企业将寻求采用新技术的特点来保护其特许权。为影响市场，初创企业通常需要合作伙伴。在早期个人电脑和互联网，以及现在的移动互联网、智能和连接设备、生物技术、电动汽车和清洁能源领域，这种需求显而易见。同样，新市场机会的出现业已表明，联盟和并购发展迅猛——如中国市场、新兴市场和医疗保健领域。

一个更深层次的原因驱使合资企业盛行。在可持续经营并承担公共角色的倡导下，企业为满足多个利益相关者的需求，通常需要组建战略联盟。在世界的许多地方，公—私合作制和非政府组织联盟，是企业强调社会需求的主流做法。例如，为循环利用旧衣服，乐施会与玛莎百货合作。此外，乐施会抛出了一个更加雄心勃勃的计划：组织拉丁美洲和非洲的农民加入合资企业，以吸引农业生产设施的投资。

重混战略框架适用于上述所有情况，可用许多行业的实例证明这点。许多例子都不是新的商业案例——读者可能在新闻中已听过。但正因为如此熟悉，我们才能理解这些案例如何证明理论观点，也可利用它们来解释三大法则的框架，这也是后面要详细介绍的内容。

三大法则

在多年的学术研究和业界实践中，我归纳总结了三大法则。

其一，要取得成功，业务组合必须有潜力创造共同市场价值，且超过单独企业利用相同资源创造价值的总和。该法则具有明显的实践意义，这需要合理估计组合带来的超额价值——在决定业务组合之前，考虑哪些核心要素需要进行组合。

其二，为实现共同价值，组合必须精心设计和管理。必须决定如何促进关键要素的融合，以及如何降低业务组合的内在风险。

其三，每个组合成员必须分享所创造的共同价值（利润），从而激励企业为实现共同目标投入资源。企业及其合作伙伴需确定如何分配共同价值，并留意各自盈利如何随时间的变化而变化。

此外，需要注意所有这些法则之间的关系。图 1—1 的三角形简要揭示了本书的主题。该图展示的法则是任何业务组合（无论组合形式和目的如何）成功的充要条件。正如本书其他大多数图所示，其抽象描述随情形变化而有不同的含义。将之用于决策时，需根据掌握的情况调整。本书后续章节将阐释这些法则，并展示企业如何做出适应性调整。

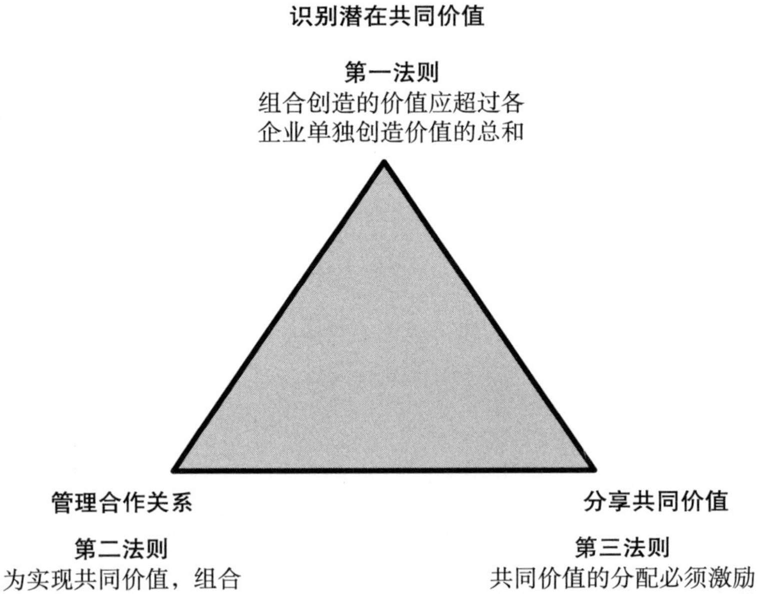

图 1—1　重混的三大法则

这三条法则决定了任何业务组合的成败，初看起来很容易，然而，每条法则都比看上去更深刻，在实践中并不容易掌握。通常，一方或另一方为急于达成协议而遭受冷遇，或在充满希望的未来中迷失方向。另一个实际问题是，由于每条法则都涉及不同的战略和管理科学流派，某个领域的专家易于忽略另一个领域的问题，于是为后续活动埋下代价高昂的隐患。为避免陷入麻烦，需在应用三个法则之前深入挖掘相关问题。以下从一些基本思想开始。

第一法则：识别潜在共同价值

简言之，组合创造价值的思想通常可表达为 1＋1＝3，或一些类似的数学算式。事实上，截止到目前，这并非考察三大法则的正规方式。下面看看第一法则如何体现上述思想。

如前所述，重混的第一法则是业务组合必须有潜力创造更多价值，即超过企业不进行组合而独自利用资源创造价值的总和。用一般商业语言描述，即业务组合必须产生协同效应。之所以毫不犹豫地使用这个词，是因为它是著名的商业术语。但正如我们所看到的那样，忽略组合创造价值的复杂过程将有不利后果。为真正产生协同效应，实现良好效果，需要整体把握三大法则。

创造共同价值的潜力，推动着任何业务组合的建立，有了这些价值，每家企业成员都可获得相应的回报。用 1＋1＝3 概括组合协同价值确实简洁，但这种表述过于抽象和简化，可能造成许多实际问题。

例如，组合创造了多少额外价值？在上述式子中，额外价值为 50％（3 比 2 大 50％）。但在实际情况下，额外创造价值的实际金额是多少？在企业建立任何新的业务组合之前，该变量的具体金额显然值得深究。如果增加的价值较高，则失败风险可能会降低，且在第三法则中将分享更多额外价值。如果增加的价值较低，则组合为取得成功而不能有半点差池：组合的治理结构必须最优，遇到的挫折也必须最少。此外，只要组合出点小问题，相比某企业成员保持资产的独立，收益的不平等分配可能致使其获得更少。因此，该企业成员不太可能维持合作关系。

还有一个更基本的问题：在这种情况下，我们如何衡量价值？用数字做比喻，使得价值增加和价值比较看上去很明显。但事实上，组合收益可能有不同形式——从增加现金利润或降低成本，到增加收入或保持优势。通常，非营利组织的合作伙伴会产生不同的价值。同样，不同的投入或贡献，也有不同的价值——可能是现金、技术、诀窍等。理论上，可能认为所有追求的利益和所做的贡献，都会影响股东价值或公司市值。但从战略利益到市场估值本身，通常都是粗略的最优估计。此外，每个合作伙伴对任何给定组合的利益感知不同。某个伙伴估计的价值是 3，而另一个伙伴认为只有 2.5。这种差异可能会在收益分配的协商中解决，但它们对共同价值的初步评估含糊不清。

为解决这些问题，我们应重点关注推动共同价值创造的经济和竞争机制，这需要基本的战略分析。为什么资源组合可能增加额外利益？组合产生的新竞争优势是什么？资源组合的方式是否重要？哪些关键行为影响组合创造价值的金额？第三章将细致考察这些问题。

第二法则：治理合作关系

重混的第二个法则，即创造的共同价值必须以某种方式实际获得，而不是仅仅停留在理论上。换言之，组合在创造价值方面必须作为一个整体运作。我们可将该法则概括为1+1=1，指组合管理的统一性，而不是其经济合理性。

有效的合作关系管理，不仅仅确保参与者在个体层面或文化网中相处融洽。当然，业务组合涉及需重点关注的人，以及文化需求相关的“软”因素。然而，尽管这些因素很重要，但其自身并不能保证成功。优秀的组合可能跨越广泛的文化差异，和谐的人际关系往往无法支持设计不佳的业务组合。通过观察可知，当“文化差异”用来解释组合失败的原因时，往往隐藏着利益冲突和不兼容的战略。

另外，有效管理法则似乎主要取决于组合的法律结构。毕竟这种结构会反映一些高层决策，如是否兼并某公司的部分或全部、怎样分享投资，等等。但这也只是成功的部分条件。当进行资产组合时，共同价值不会自动产生；价值创造和分配也取决于如何在初步达成协议后建立和管理组合。

例如，当业务组合为收购时，收购的资源可能与现有单位合并，管理人员和工艺流程可能保留，也可能被收购公司取代。按照定义，联盟的合作伙伴可作为单独公司管理，但可能会有不同程度的交叉持股或共同控股。通常，简单交易几乎没有共同管理，只是按预先达成的协议条款交换价值。在第二章，我们将仔细研究这些组合形式。

在所有这些不同的形式中，创造共同价值的重要因素必须以协调方式有效管理。例如，如果共同价值主要来源于产品规模经济，则任何形式的组合必须成功整合生产设施的投资和管理。如果共同价值来自销售，则相关组合同样需要协调管理。通常，并非价值链的所有部分都有重要因素。因此，即使许多组合缺乏全面的整合，只要它们专注于在有选择性的领域中合作，也可能有成功的结果。但这样的组合也可能导致过度竞争和冲突，或在管理方法上存在差异，这将使努力结果大打折扣。在第四章，我们将密切关注这些挑战。

第三法则：分享共同价值

即使管理良好的组合创造了共同价值，企业也可能无法获得该价值的期望部分。这就是为什么第三法则必不可少：最终，联合收益需按某种方式分配，从而让各方觉得比不参加组合更好。收益的分配是一种奖励或激励，旨在鼓励每个参与者贡献各自的资源。

继续前面的比喻，在表述第一法则的公式 1＋1＝3 中，3 需要进行分配。分配份额并不总是预先确定的，且不必相等。因此，该表达式可视同为 1＋1＝1.4＋1.6，也可按 50/50，80/20 或其他任何确定的比例分配。重要的是，各方都认为获得了足够的份额，确信通过组合对方能带来资产和利益。

通常，确定收益分配方式和估计共同价值一样困难。正如共同价值的估计，收益分配方式也取决于未来竞争环境的发展趋势。组合各方之间的力量平衡通常在变化，收益份额的分配同样如此。例如，某合作伙伴的议价能力在刚加入联盟时较弱，但可能随着时间推移而增强——或许是由于该企业的业务选择越来越多，以及对联盟的贡献变得更有价值。于是，无论开始达成怎样的收益分配协议，都可能随着时间的推移做出调整，一方要求重新商议或谋求获得额外价值的新方式。如果新条件得不到满足，联盟的维持可能存在较高风险。

随着时间的推移，收购的收益分配方式也往往发生变化，尽管这将对双方具有不同的影响。在现金收购（或出售）中，一方获得现金份额，而另一方获取剩余收益，包括升值和贬值的潜力。如果收购资源的原业主在新组合保留部分所有权，可能是因为采用的是股票收购方式，从而双方需共同承担组合的后续风险。在这种情况下，每一方可能在后期实现比最初预期更高（或更低）的价值。

因此，重混的第三法则与其他两个法则密切相关。由于存在这些联系，企业通常按最终算式中的得失来看待其他两个法则。换言之，它们依据每一方将分享多少价值的方式，以敏锐的眼光评估潜在共同价值，并按同样的方式考虑组合管理。第五章将探讨该法则的细节内容。

* * *

虽然三大法则容易理解，但在具体应用时颇有挑战性。图 1—1 用三角形描述的三大法则不能生搬硬套，需要不断在这些法则中进行权衡取舍。然而，当绕着三角形转一圈回来时，可确信你正在寻求迈向成功的所有关键问题。专栏“如何运用三大法则”提供了将理论框架应用于实践的小技巧。

洞 见

如何运用三大法则

三大法则揭示了任何业务组合的基本原理。在使用这些法则时，应考虑每个法则的影响因素（这将在后续章节中讨论），以及这些法则之间的联系：

● 将三大法则按重要性排序的想法很好，但一定要确保遵循三者之间的联系。例如，有关共同价值的第一法则将导致业务结构问题（第二法则），从而带来收益如何分配的问题（第三法则）。或收益分配法则（第三法则）将回溯到组合结构问题（第二法则），而该问题取决于如何创造共同价值（第一法则）。类似地，交易协商（第二法则）将会考虑收益分配问题（第三法则），而这取决于创造多少共同价值（第一法则）。不用担心从哪个法则开始分析，只需确保完成整个循环过程。在实践中，我发现管理者往往记得一个或两个法则，而忽略三个中的至少一个法则——具体忽略哪个法则因人而异。

● 考察三大法则中的任何一个，都有其内在逻辑和外在依据。如上所述（在后面几章也会深入讨论），每个法则围绕不同的外部因素，且遵循不同的准则逻辑。潜在共同价值取决于企业的经济效益，有效管理取决于组织的动力机制，以及各方通过持续协商确定的价值分享激励。

● 既没必要过于强调任何一个法则，也不能孤立看待其他法则。虽然企业设立高目标有益处，但无需最高的共同价值或最有效的组合管理。企业所做决策之间的整体匹配，比最优化任何法则更重要。

● 不论图 1—1 的表达形式如何，任何一个法则都不是组合的顶点或基座。任何一个法则都依赖于其他两个法则。如果缺乏有效管理和收益分配激励，共同价值也无法创造出来。类似地，价值分配方式直接取决于共同价值管理模式。三角图是一个鸟瞰图，并非自下而上的层次结构图。

当企业从事多项交易时——事实很可能如此，三大法则也可应用于交易组合整体。为了实现整体组合战略，单项交易必须成功适用。然而，每项交易很可能与其他交易有联系：一项交易的价值取决于其他交易，某项交易的管理效果同样影响其他交易，等等。

三大法则的统一

三大法则适用于每一类业务组合，可塑造企业的整体竞争方式。业务组合使用得越来越普遍，这一现象反映出企业竞争已变为公司群体之间的竞争。这些由公司及其合作者组成的群体，具有不断转变的边界范围和结构。例如，三星虽然是谷歌安卓智能手机群的成员，但这并不妨碍它向苹果供应零部件，以及接受其他智能手机的标准。如今，甚至更多群组的形成围绕物联网产业。在这类竞争中，重混战略有助于企业将注意力集中于所需资源，无论它们在公司内部还是外部。正如第六章所述，三大法则可指导企业创造价值，管理合作关系，分配群组收益。

本书也将帮读者重新思考企业战略中的核心问题。我认为，资源重组的观念和如何正确执行的法则，应该是企业战略思维的一个组成部分。因此，重混战略对所有重大战略问题都有意义。竞争优势的来源是什么？企业如何应对变革和创新？公司治理如何影响竞争力？如何衡量企业战略举措的投资回报率？在最后的第七章，读者将获得有关这些核心问题的新视角。

作为一个整体，本书后续章节将考察图 1—2 所示的相关决策。遗憾的是，这些决策有时被视为一个线性序列，尽管显然它们互相依赖。更糟糕的是，在许多公司这些决策由不同部门独立完成。如果各方围绕关键决策加强沟通，企业决策质量将会显著提高。

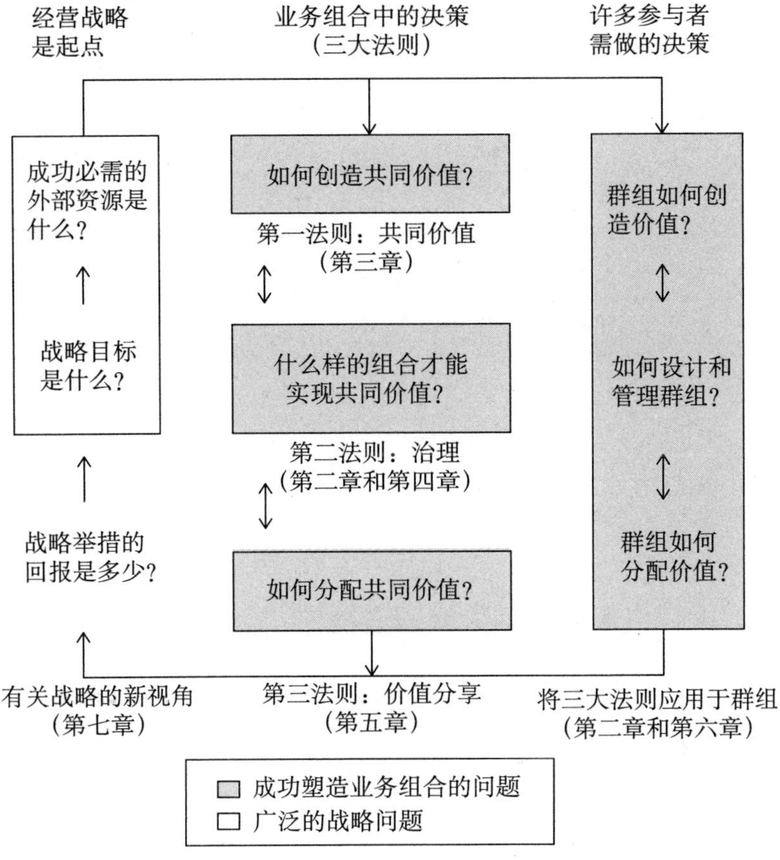

图 1—2　重混战略中的关键决策

图 1—2 所示的各种决策，表明了企业的基本战略目标和需求，驱动其在构建业务组合时做出关键决策——为何进行业务组合？选择什么样的合作伙伴？如何选择？目的是什么？回答这些问题的原理，应该既适用于单笔交易，

也适用于群组交易。本书重点在于塑造成功的业务组合(图中的灰色方框)，它提供了一个许多战略问题的新视角(图中的白色方框)。

三大法则的现实含义

为理解三大法则的现实含义，以及业务组合违反法则时的后果，需考虑一些实际案例。这些案例学习可明确相关概念，有助于理解三大法则如何应用于企业决策。

例如，考虑 21 世纪初戴姆勒与雷诺公司各自的联盟战略。虽然两家公司的最终目标大致相似，但它们构建联盟的决策却差异显著。

全球汽车业的两大联盟路径

戴姆勒与雷诺的领导者面临相似的战略问题。两家公司在本国和欧洲普遍表现强劲，但在世界其他地方表现一般。两公司的领导团队均认为，需在全球范围内拓展自己的业务并提高公司产量。由于公司内在增长缓慢难以实现既定目标，因此，戴姆勒和雷诺都在寻求与现有公司合作，从而帮助其扩大生产和全球销售额。换言之，两家公司都看到了通过联盟创造共同价值的潜力——任何重混的第一法则。然而，它们采取了不同的联盟措施，导致迥然不同的结果。

戴姆勒先在美国收购克莱斯勒，然后购买日本三菱公司 1/3 的股份。后来，它持有韩国现代汽车的少数股权，与现代和三菱形成汽车发动机的三方合资，并在中国建立了合资企业。总之，在对克莱斯勒进行业务整合的同时，戴姆勒在全球范围内建立了复杂联盟网络。

在进行业务组合时，雷诺则选择了另外的路径。它将合作关系管理重心放在日产——一家在日本和世界各地比三菱更强的公司。通过支付 54 亿美元，雷诺收购了日产 1/3 的股份。然后，两家公司联合建立了 50/50 的合资企业，且相互直接投资。结果是，雷诺建立了比戴姆勒的多方合作更协调、更平衡但相对独立的联盟。

两家公司领导团队所做的不同联盟选择，显著影响了各自合作伙伴的条件。戴姆勒比任何合作伙伴更强势，而雷诺与日产在产量方面几乎一致。日产虽然在财务上处于困境，但它有光荣和成功的历史、先进的技术和优质的品牌。

由于不同的联盟选择，雷诺与伙伴之间的合作比戴姆勒成功得多。几年后，戴姆勒与三菱的合作终止；后来，由于热钱涌入美国汽车制造市场，戴姆勒抛售了克莱斯勒的股权，这次投资以亏损收场。相比之下，雷诺成功处理了与日产的合作关系，并创建了植根于欧洲和日本的全球经营网络。重混的第二法则解释了戴姆勒的失败和雷诺的成功。

第三法则也发挥了作用。在上述两个案例中，由于联盟结构的不同，价值分配方式也不一样。为收购克莱斯勒，戴姆勒向克莱斯勒的股东支付了 1/3 的市场价值溢价；换句话说，那些原所有者的投资回报固定在该水平。戴姆勒-克莱斯勒可能创造的任何共同剩余收益，都将归属于合并公司的股东。遗憾的是，由于实际创造的共同价值为负数，这些股东的投资回报也为负值。

相比之下，雷诺-日产的合作为双方创造了新价值，并向股东支付了额外应计收益。于是，随着时间的推移，联盟结构使得双方按比例获利（或分担损失，如果发生亏损的话）。相互和部分持股，是它们分享合作收益的主要方式。

虽然两家公司的整体业绩反映了不同联盟的效果，但公司业绩还取决于许多其他因素。在 2000 年后，雷诺的股价表现优于戴姆勒-克莱斯勒。在剥离克莱斯勒并放弃 21 世纪初实施的整个联盟战略后，戴姆勒的命运才有所好转。雷诺严格遵循其联盟模式，使得日产发展迅猛，但雷诺自身的欧洲业务再次遭遇疲软。

不过，雷诺的联盟战略显然比戴姆勒更成功。如今，它与日产的联盟利益仍在延续，因为合作伙伴继续共同管理其全球业务。此后，甚至戴姆勒也投资该联盟，购买了雷诺和日产的少数股份。这些并行联盟战略的成效可以预见吗？答案很可能是肯定的，即使经营业绩通常受各种因素影响。应用更一致的战略可能避免不良业绩吗？我认为是，但要究其原因，我们需更细致入微地理解三大法则。在深入挖掘之前，考察这些法则在不同于成熟的汽车行业背景下的含义很有必要。

媒体联盟的进展

皮克斯和迪士尼长达十年的合作关系，说明合作伙伴之间的力量平衡可能随时间变化，这也会影响联盟的各个方面。

当史蒂夫・乔布斯创立的皮克斯还没有多大名气时，乔布斯和迪士尼的高管就发现了迪士尼-皮克斯的共同价值潜力。他们的理由是，皮克斯的数字技术有助于加强迪士尼的传统动漫业务。他们签订了制作三部电脑动画长片的协议。迪士尼获得这些电影的一系列权利，如发行和产品的决策控制。可以预见，联盟回报也将偏向一方：皮克斯获得 10%～15%的收入，而电影版权归迪士尼所有。

在动画长片《玩具总动员》获得巨大成功后，一切开始发生变化。由于该电影在原协议下制作，皮克斯仅获得约定的最低收益。但在优异的票房成绩推动下，皮克斯公司公开上市，并按修订条款重新与合作者签订协议。基于每家公司在关键环节拥有几乎相同所有权和话语权的条款，新合拍协议要求至多制作 5 部电影。两家公司在收入和成本上五五分成，共同拥有新电影的所有权，且迪士尼的发行权不再享有排他性。

在新协议下，凭借《玩具总动员 2》《怪兽公司》和《海底总动员》的傲人成绩，皮克斯的成功有增无减。在此期间，迪士尼制作了一系列反响平平的电影。在短短几年内，皮克斯的市值翻了三倍，迪士尼的股价却无多大变化。

可以预见的是，乔布斯开始考虑修改与迪士尼的协议。随后合作伙伴之间愈演愈烈的商业矛盾，成为八卦报纸的谈资。然而，究其根源这种冲突也很自然——重混的第三法则正好可以说明。这里，分享价值的方式是股权。

几年后完成的新交易代表了价值共享和关系管理的显著变化——迪士尼以 74 亿美元收购皮克斯的所有股票。交易背后的深层原因具有启发性。以往的经验表明，皮克斯和迪士尼可以创造可观的共同价值。但随着皮克斯实力的增强，早期协议带来的摩擦有碍更深层次的合作。换言之，两家公司没有像一个整体那样管理——远没有那样。一个彻底的收购可以实现统一。此次收购通过股票交易完成，这意味着（至少在概念上）两家公司的股东将分享未来的收益。

迪士尼用不到十年的时间在新媒体领域努力打实根基，收购皮克斯被誉为迪士尼复兴中的伟大一步。继收购皮克斯后，迪士尼还收购了卢卡斯电影、漫威，以及一系列较小的数码科技公司。这些交易不仅为迪士尼带来了新的资产和能力，还极大地增强了所有业务线的竞争力，这些业务线包括从美国和国外的电影和电视到主题公园。上述成长轨迹表明了业务组合如何推动企业变革和创新，即使对成熟和传统企业也有效。

如何确保企业最终像迪士尼、皮克斯、雷诺、日产而不是戴姆勒-克莱斯勒？在后续章节将看到，理解三大法则的全部细节是关键。然而，在理解这些细节之前，我们需要了解企业所面临决策的概览。组合如何匹配企业的整体经营战略？应该考虑什么类型的组合？这些组合如何发挥作用？下一章将阐述重混战略的关键决策。

第二章

评估组合关系

正如任何好的战略一样，资源组合始于企业选择的确定。企业面临的所有决策都是在各种选择之间权衡。本章将详细介绍如何使用三大法则做出这些选择。然而，在运用这些法则之前，需要评估企业可以获得哪些类型的组合。

评估分为两个步骤。首先，需考察企业目前已有和未来可能选择的组合范围。每个交易类型具有鲜明的特色，正如前面章节讨论过的汽车业案例，企业选择适合的组合类型是创造价值的关键。为帮助企业选择适合的组合类型，本章介绍一个有用的方法，以**谱**（spectrum）的形式列出企业选择。在本书后面将介绍功能强大的工具，帮助企业在谱中确定选择。

评估的第二步，是考察企业现有和潜在组合的网络关系。这里重点不是每个单独交易的特点，而是多个交易如何作为网络联系在一起。

通常情况下，经营战略要求企业从多个合作伙伴获得资源或收购一系列公司。随着时间的推移，这些战略建立起企业的**关系足迹**（relational footprint）——作为企业拓展功能的合作关系。后面，我们将详细阐述在任何业务组合适用的三大法则，同样适用于该网络整体。

关系谱

形成组合的决策在确定之前往往需要反复权衡——不论是合资、联盟还是兼并。很多时候，通过向兼并和收购团队、联盟团队或采购团队分配交易，公司决策系列很快确定选择。根据团队提出的一种或其他组合类型，首席执行官通常偏向某种特定选择。

在辞去太阳微系统公司首席执行官五年后，斯科特·麦克尼利（Scott McNealy）在推特上写道："企业使用得最频繁的词是'战略合作伙伴'。我最喜欢的合伙关系始终是确定采购订单。"熟悉他在太阳微系统公司漫长任职经历的人对此并不感到意外——他们以前就听过这种观点，麦克尼利的话很可能引起许多高管的共鸣。正如他所暗示的那样，企业过度使用的术语"战略合作伙伴"一词，很多时候表明的是缺乏明确的方向，且最终导致一般结果的关系。

事实上，麦克尼利的说法既正确又错误。为避免忽视战略联盟，企业应知道并明智使用该术语。然而，麦克尼利的观点也受自身方式的限制和约束。正如本书将阐述的那样（主要在第四章），企业应该后退一步，以中立的方式审视有关选择。

并非两家企业所有类型的关系都会形成业务组合。通常，产生协同效应不需要使用组合，简单交易——商品交易、货币兑换和服务交换也可以实现。交易和组合的区别在于如何管理公司资源。如果独立管理且只有产出交换，就可认为是一项交易；如果共同管理，则可认为是一个组合。

业务组合之外的简单交易，确实可能在很多情况下获得共同价值。19 世纪早期，英国经济学家大卫·李嘉图阐述了两国如何通过简单商品交易带来利益，即一国在满足他国需求时双方都变得相对更好。在其著名的例子中，葡萄牙酿酒而英格兰生产布料，然后两国通过简单商品交易获得共同利益——不是通过领土兼并。如今，我们将该思想称为比较优势原则。由于交易伙伴在自然资源、规模经济或专业化程度方面存在差异，进行简单商品交易也可能产生协同效应。

公司之间的关系同样如此。汽车和汽油是协同效应的经典例子。显然，当互相使用对方时，双方能产生更高的价值。实现该共同价值并不需合并汽车公司和油气公司，消费者仅需在加油站购买合适类型的汽油。

但这背后隐藏着秘密。目前汽油产品非常标准化，可随时用于所有常见的汽车。然而，在许多行业供应链之间的联系并没有如此规范，公司之间需要的协同关系远比简单交易复杂，这也使得业务组合确有存在的必要。

不同的组合类型

当先前独立管理的资产以某种或其他整体方式共同管理时，新的组合应运而生。现在考虑这意味着什么。

例如，当我们购买安装有软件的笔记本电脑或平板电脑时，软件和硬件往往打包或捆绑销售；电信企业可能提供打包服务，包括互联网、电视和电话服务。产品和服务之所以采用这种方式销售，是因为企业认为消费者可从捆绑销售中获利，即通过更好的系统集成，从一站式购物中节省成本。（但在某些情况下，若捆绑的目的在于增强厂商的垄断力量，则通常为反垄断当局所禁止。）

捆绑这个概念与我们所说的资产组合相关，本书也将采用资产捆绑这一术语。但资产捆绑的好处并非来自消费者如何使用产品或服务，而是来自厂商如何使用资产。当管理不同的串联资产具有优势时，可能同时获得拥有所有这些资产的好处。但并非总是如此。通过协调不同资产所有者的工作，也可以获得资产捆绑的好处。

在汽车和汽油的例子中，实际管理关联生产者的资产并没有好处；消费者只需简单地将最终产品结合起来。不过，可考虑这些行业的经营过程。为生产汽车厂商需协调各种供应商的生产——这就是资产捆绑的一种形式，尽管资产不是由一家公司所拥有。石油行业同样如此——大型石油公司通常会生产自己的许多资产，但也需协调其他资源拥有者的生产。

这些简单例子表明，资产捆绑或业务组合具有不同的形式。当公司需要获得外部资源时，可将现有资源结合新资产所有权后形成业务组合，并按统一方式进行共同管理。当公司投资合资企业或获得其他公司少数股权时，所有权关系并没有合并而是共同分享。尽管此时资产捆绑并不统一管理，但也可像某种形式的共同管理那样协调。

其他形式的业务组合在资产所有权方面比较松散，且所有权完全不会改变。像合作研发或共享市场项目那样的非股权联盟，共同管理资产而不分享所有权。尽管如此，非股权联盟在这里仍作为业务组合术语。同样地，在一个更松散的关系中，即使资产很少协调管理或没有共享所有权，供应商也可能提供企业生产产品所需的原材料。在开放式创新模式中，技术市场和生态群落往往仅需统一标准或法律框架，而不是资产的重混。

依据两个重要参数，可将最常见的业务组合进行分类。第一个参数是组合的持续时间，其范围从一次性交易到长久关系。第二个参数是共同决策的程度，或组合中企业需管理协调的强度。图 2—1 显示了相对这两个参数的不同业务组合。

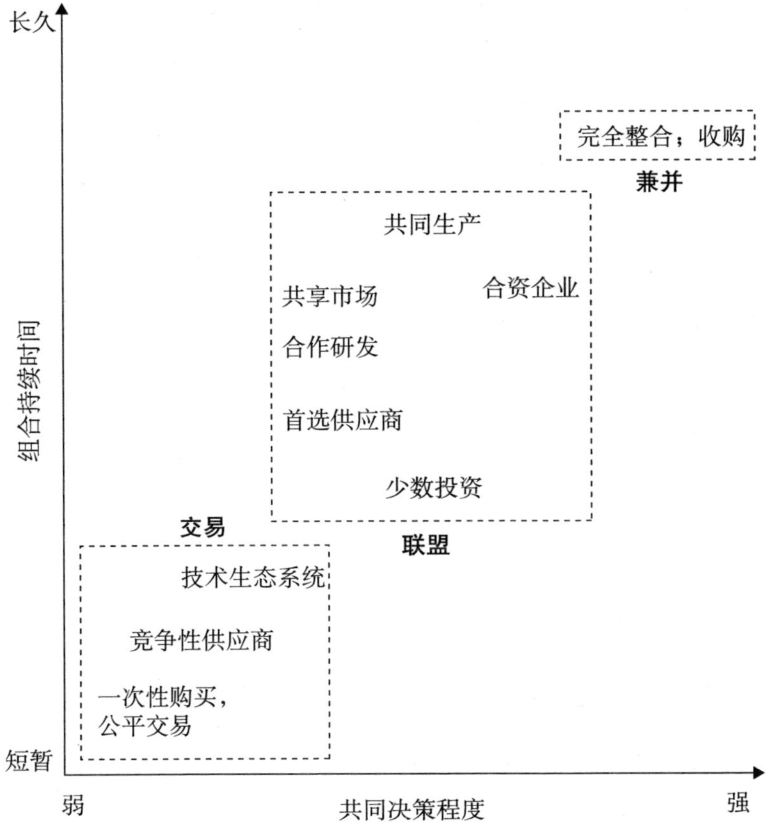

图 2—1 关系谱

不同行业用来描述相似类型组合的术语不尽相同。例如，汽车业称某组合为首选供应商联盟；而航空业可能称之为代码共享协议；国防工业使用术语合作协议；而电信或软件业的高管可能称之为联盟。甚至不同公司的法律部门之间也有差异，因而有必要进行对话和沟通。

由于存在这些行业术语差异，考虑图 2—1 标示的三个区域关系谱。更广义的术语交易、联盟和兼并更实用。交易只是购买和出售商品或服务，如简单外购；联盟是更紧密地一起工作，但保持各自资产所有权的独立性；兼并则是将所有资源合并到一家公司。

图 2—1 所示的关系谱并不表明哪种组合形式最好，图中更高处的联盟形式也不意味着创造更高价值。只有结合特定组合的背景及意图，才能确定哪些形式更有效。任务和组合形式之间的匹配最重要。

为理解组合形式如何受相关参数影响，可仔细看看图中的两个轴。后续章节将更深入探讨这一问题。

组合持续时间

时间参数构建组合采用的形式和时间。组合的预期持续时间之所以重要，是因为形成组合的初始投资通常需要一定时间才能有回报。在某些情况下，长期组合很快有足够回报。但当一方需向组合投入特定资本时，短暂的合作关系不可能这样做。例如，一个拥有资本密集型加工设施的采矿企业与拥有矿山的另一方合作，通常会签订长期的原料供应协议，或双方成立一家共同拥有加工设施的合资企业。

组合的持续时间可能取决于双方之间的合同，可能通过股权协议巩固，也可能对退出组合实施惩罚。在其他情况下，即使合同本身包含的期间比较短，重复交易（如首选供应商）隐含确保较长的持续时间。例如，卡特彼勒公司与经销商的合同一般只有 30 天的时间，但大多数经销商已和该公司合作了很长时间。有关谈判的研究表明，重复博弈比一次博弈更容易产生合作关系，因为一次博弈的参与者获利后可能很快退出。

很少业务组合能够维持“终身”。业务组合是权宜婚姻，当情况发生变化时，企业可能合理改变组合形式或干脆退出。于是，长期组合往往更适合于相对稳定的行业，而短期组合往往适用于快速变化的环境。因此，充满活力的互联网企业联盟最多持续几年，而更成熟的石油业存在持续了几十年的合资企业，这一现象并不奇怪。

因此，组合的预期寿命仅表明其工作方式，而更重要的是该组合的内部构成要素。图 2—1 的水平轴反映了这一点。

共同决策程度

在组合建立后的持续期间内，双方管理者多久需进行沟通和协商？为确定任何潜在组合的共同决策程度，需要考虑这个问题。共同决策需要持续互动，独立决策不需要——只需遵循一开始约定的模式。

在图 2—1 的左下方，可以看到公平交易协议，该交易完成后很少协调。协议签署后，双方将遵照达成的协议行事，并按特定条款交易、出售或购买产品。竞争性供应商也按该方式运作，一旦协调无效，它们可能诉诸法院强制执行。这些都是标准的市场交易规则，因而将上述关系称为交易。左下方的交易是纯粹交易关系的例子，而不是业务组合关系。

图 2—1 中间部分的关系不同，它们涉及更多的共同决策，只有在组合资源的管理者彼此之间协调行动时它们才会运作。管理者可能需要匹配时间和产量、定制产品规格、投资新的资产等。如果组合需要这种持续管理协调，那么它属于中间地带（图中标示为联盟），如松散的共同研发项目、共享市场，以及涉及高级董事和广泛人事配置的合资经营。但所有这些形式依赖于协议签署后的某些共同决策——比交易层面对供应商的依赖关系强得多。

最右侧的组合属于兼并，是一个完全不同的种类。在这里双方的资产由共同所有权合并在一起，其中一方与外部单位协调时没有话语权。合并的资产仍需管理协调，且该资产往往保留在原组织。但协调已经是公司内部事务，共同决策程度比中间区域的组合更高。然而，这种内部协调绝非程式化。例如，戴姆勒与克莱斯勒合并后业务整合举步维艰。其他公司可能容易整合，因为它们的收购规模较小或资产同质化程度较高。例如，西麦斯（Cemex）轻松整合了从外部单位收购的资产，部分原因在于世界各地的水泥厂都很相像。

上述讨论只给了有关组合方式的一点提示，但尚未创建一个完整的画面。我们用关系谱描述了交易的特点，但并没有限定应该使用哪种类型的交易。何时组合应该持续长或短的时间？何时需要更多或更少的协调？什么组合形式可能提高各方的回报？如何最好地管理每种组合形式？这些问题是重组第二法则的核心——如何管理组合关系，进而实际产生承诺的协同效应。在第四章本书将具体讨论该法则。

正如我们将看到的那样，影响公司选择某一类而不是另一类组合的因素并不确定，它们随经营目标的不同而有所变化。随着时间的推移，许多行业的选择从图右上角转移到左下方——从最大程度控制到分享控制的交易。发生这种转变的可能原因是当前的信息技术、更好的合约设计和绝对增加的市场选择，使得企业能够比以前更有效地协调松散的结盟活动。因此，联盟正在取代兼并。同样的道理，公司正在实现的协调水平，以前可能需使用公平交易协定建立联盟才能实现。然而在其他情况下，如新兴行业的技术整合，可能会有更严格的控制。

使用图 2—1 可度量任何单一业务关系的深度，这是评价组合关系的第一步。现在，考察在建立包含很多交易的组合时企业面临的选择。

关系足迹

当企业面临很多联盟和收购，每项交易是保持独立，还是相互依存？该活动和某种成功会影响一项或其他多项交易吗？如果你的公司为典型的企业，那么相互依存是必然。由于公司的交易互相依赖，所以需确保它们能够彼此增加价值，且不会彼此冲突或妨碍。协同潜力的另一种形式表现为：多项交易创造的价值，可能远远超过每项交易创造价值的总和。如今称为网络效应。

为创造正的网络效应，通常需要有意识地设计和管理组合，由此企业会形成公司战略群集。与单个公司相似，战略群集就是另一种管理广泛资源组合的组织模式。任何既定市场上与其他“资源束”竞争的“资源束”，都可能组织成一种称为公司的法人实体，从而通过所有者和“内部人”进行管理。但另一种资源束可能通过独立公司组织，并按外部关系的形式管理。

航空业提供了一个很好的例子。如今，由 29 家航空企业组成的星空联盟，与寰宇一家（包括 13 家合作伙伴）和天合联盟（包括 19 家合作伙伴）竞争同样的全球业务。这些联盟面临个体公司的竞争——有时来自于联盟内部成员，但更重要的是不结盟的公司，如阿联酋航空公司。航空公司联盟和单个公司都管理着一组类似的资源——飞机、着陆位置、会员忠诚计划、品牌、人才等，并展开类似标准的竞争，包括航线结构、服务和价格。其差别在于这些资源如何管理——有的依赖于多合作伙伴组成的联盟，其他的则依赖单个公司的内部组织。

就如何组织成员的资源，三家主要联盟也互相竞争。事实上，它们在如何运行方面非常相似。每家联盟知道，如果它在某方面（如航线结构或服务）落后，则可能产生滚雪球效应，即业务规模下降，联盟伙伴退出，以及很难找到新成员。于是，每家联盟在增加自身资源和成员以及减少他方新成员方面，与其他联盟展开激烈竞争。例如，美国航空和达美航空针对日本航空的竞标战。日本航空多年来一直是美国航空所在的寰宇一家联盟的成员，但当它面临破产危机时，星空联盟主要合作伙伴达美航空为吸引其脱离寰宇一家，曾经提供了实质性的帮助。谈判进行了几个月，但最终日本航空留在寰宇一家联盟。

在多企业联盟盛行的行业里，合作伙伴之间的竞争很常见。当竞争对手相信联盟的规模或结构可能带来竞争优势时将导致激烈竞争。管理产品资源组合可能产生战略优势的思想，也与具有更传统竞争模式的行业相关。是否比竞争对手更好地组织合作伙伴和分包商，对企业至关重要。

描述关系足迹

为了获得关系优势，需要理解并形成公司的关系足迹——公司和其他公司之间的关系图。（正如本书稍后讨论的，该概念与企业生态系统的思想有关，但又不尽相同。）

幸运的是，图示关系已成为一种流行的新式图形娱乐。随着社交网络的兴起和网上数据的可获得，用图表展示个人、组织或思想的相互联系方式具有天然优势。企业最常用的两种图表类型如图 2—2 所示，它们都是描绘关系足迹的便利工具，但也各有不足之处。

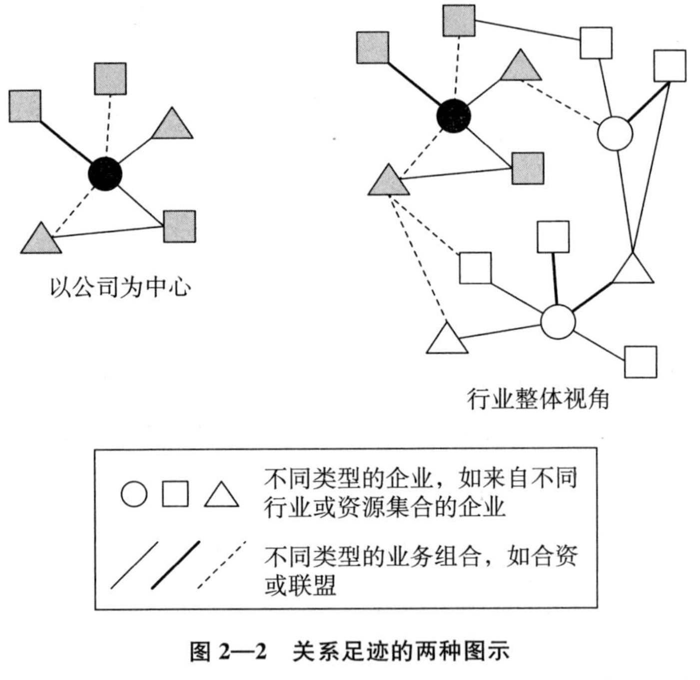

图 2—2　关系足迹的两种图示

图 2—2 中的左图，技术上称为自我图，有助于清楚看到企业彼此的联系。但要记住，如果企业的合作伙伴创建

了一个自我图，则该图表会有所不同，因为它以合作伙伴为中心。例如，德国汉莎航空公司与合作伙伴美国联合航空公司的自我图看起来就不同。除非一家公司明显是联盟的权力和领导核心，否则自我图难以达到分析目的。

右侧的行业整体视角图显示了自身网络外的其他联系，包括以竞争对手为中心的网络。确定这样的群集有利于企业了解行业中的主要竞争对手，并做出有关合作伙伴的更明智的决定。遗憾的是，行业整体图可能密集而混乱。当每一方似乎都联系在一起，且不管是否有战略支持即列出所有关系，任何给定关系都可能容易失去相对重要性。

两个图（以公司为中心和行业整体视角）的最佳使用方式之间有关联。为获得最有用的联系，可在狭窄和宽广视野中来回切换。此外，当考察合作伙伴的网络时，重要的是要考虑所属行业或竞争领域的关键成功因素。

联盟之间的竞争

为揭示资源组合在特定战略目标下如何创造价值，可通过修正图形增强分析能力。根据重混的三大法则，现在不仅能够评估两方联盟的潜在共同价值，对整个网络也同样能评估其潜在共同价值。

例如，当某航空公司联盟考虑是否增加新成员时，它将评估新成员是否可能对所有现有成员的业务增加价值。这样做可能会变得复杂，因为有时新成员可能只增加部分而不是所有成员的价值，甚至可能增加一些成员的负担。例如，当新加坡航空公司加入星空联盟时，现有明星成员泰国航空公司不太乐意，因为新加坡航空是其所在地区的直接竞争对手。但新加坡航空为星空联盟带来的潜在利益，超过因其加入而带给该联盟的成本。在其他情况下，如果认为在联盟中承受巨大负担，某成员可能转换联盟。当达美航空兼并西北航空时，大陆航空从天合联盟转到星空联盟，因为这桩兼并让大陆航空感觉自己在天合联盟中很多余。

因此，要理解联盟新成员如何增加整体价值，需考虑该联盟的竞争格局及其优势来源。对航空公司来说，这意味着考虑新组合如何影响联盟的全球航线结构。在创建了新的联盟之后，任何航空公司成员都能到达全球各个角落。于是，在全球市场拥有主要成员是联盟的关键成功要素之一。

航空公司联盟的关系足迹如图 2—3 所示。由于联盟旨在从每个区域和全球网络吸收成员公司，所以该图重点突出了关系足迹的地理位置。(在其他情况下，关系足迹可能突出其他方面，如细分行业。) 三大航空公司联盟的统一竞争模式描述在图 2—3 的左上方。每家航空公司至少与其中一个成员组成双边联盟，且是某个大联盟的成员。有些成员与其他成员成立合资公司，而有些成员已经进行了合并。

显然，由于图 2—3 重点关注的是全球航空业概览，所

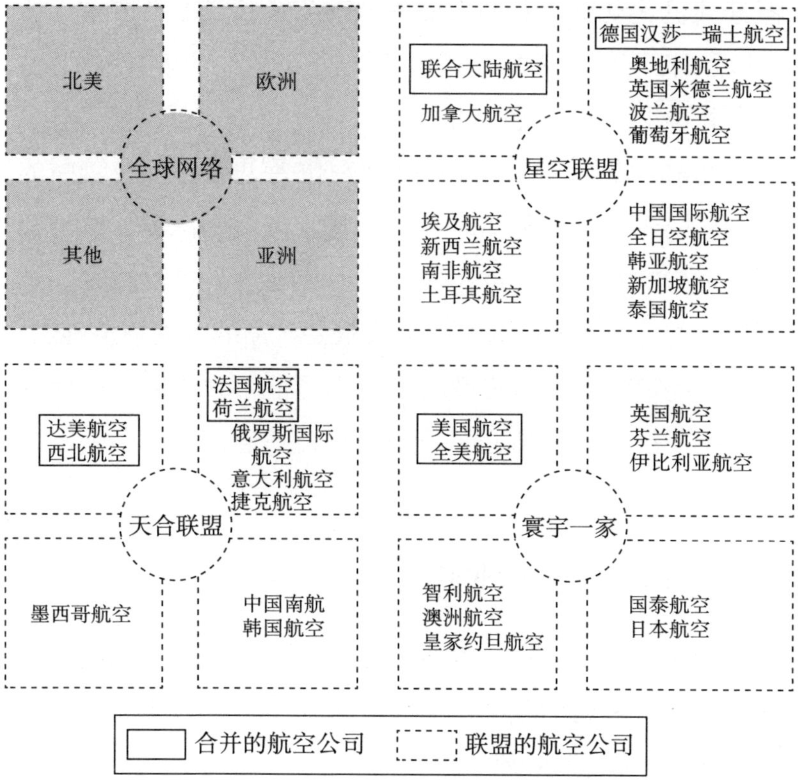

图 2—3　全球航空公司的关系足迹

资料来源：公司网站和行业报告。本图显示的是主要成员，每家联盟可能有更多成员没有显示。

以并不包括所有航空公司的完整联系。对于航空公司，尽管其业务关系可能确实与图示不同，但这样处理并无多大关系，因为它们做的大部分是全球航线业务。而对于大型多元化公司，包括所有业务关联的一般关系足迹几乎没有用处。例如，通用电气虽然与外部合作伙伴有数百种关系，但其飞机发动机业务的主要关系在与经营该业务的合作伙伴以及邻近企业之间。通用电气的保健软件业务同样如此，仅在如拉丁美洲的某些地区经营。

通常，需强调的重点不是地理位置，而是供应链中的产业格局或阶段。例如，对于新兴业务电动汽车，汽车公司重视与电池厂商的合作关系，因为电池是多数汽车公司不自产的关键元件。这些关系很重要，需纳入关系足迹图。而区域经销商对于这些产品来说则可能不太重要——事实上，特斯拉正试图绕过区域经销商，并通过网络在全国销售汽车。

通过联盟建立新业务

为了具有一定的实用性，关系足迹图需设置相关行业或竞争市场的边界范围。然而，这并不意味着无需重视影响公司业务的辅助行业。

在许多现代行业，企业价值链之外可能存在关键的潜在合作伙伴。例如，互补技术和产品可能来自其他行业，虽毗邻企业价值链，但又没有直接关联。然而，在形成企业的关系足迹时，它们可能需重点考虑。

谷歌的智能手机业务提供了一个很好的例证。图 2—4 展示了一种描述关系足迹的不同方式。该图显示了谷歌跨越几个互补价值链的联盟。若没有硬件和网络服务，谷歌的软件将无法运行；若缺乏有吸引力的应用程序，没有人会对它感兴趣；若没有移动广告的推动，谷歌可能最终仅从智能手机中获取少许利益。

基于上述原因，谷歌旨在创建一个共同提供全栈组件和所需服务的联盟（栈的概念与价值链有关，将在第三章讨论）。为创建该补充企业系统，谷歌采用了重混战略。谷歌的一些业务组合采用收购——公司通过整合收购对象的能力，来增强其自身业务。其他业务组合采用联盟，即与大大小小的多个合作伙伴建立联盟。每种关系都代表了谷歌组建智能手机业务所需的关键资源集。

图 2—4 的布局突出了每一层的合作伙伴和堆栈组件。概言之，这通常被称为一个生态系统，该概念将在第六章中进一步探讨。关系足迹可用于追踪生态系统内部的特定联系。

谷歌的关系足迹表明了一个更加开放的模式。安卓开放手机联盟是一个应用及软件开发的开放系统。谷歌还为广泛的制造商提供技术许可，从而使得大量网络供应商可使用其系统。这种开放性自身并无好坏之分——只是竞争环境与谷歌自身定位的特征。该开放模式反映了一个事实，即苹果的 iPhone 在其领域已很强，而谷歌本身没有相关技术。然而，随着时间的推移，谷歌的关系足迹也增强了紧密联系。公司收购了摩托罗拉的手机业务，但两年后出售了大部分资产。撤资暗示了与某个合作者的紧密组合相比，与多个合作伙伴组建松散联盟可能是安卓更好的重混战略。

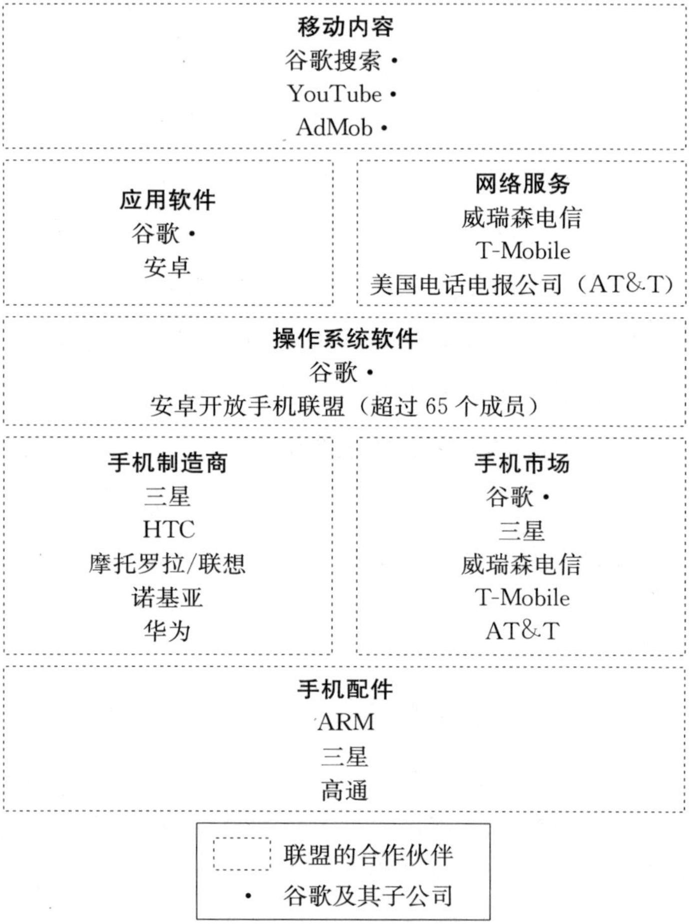

图 2—4　谷歌智能手机的关系足迹

在企业的关系足迹图中，有必要区分松散联盟和紧密联系，也有必要强调主要和次要成员，以及各成员在关系网络中的不同角色。社会网络分析人士长期争论的是，网络模式与成员身份和联系程度谁更要紧。本书认为成员身份及其联系性质更重要。

描绘企业的关系足迹

在了解关系足迹的基本含义后，下面开始探讨企业的理想合作伙伴会是什么样子。

为了绘制企业的关系足迹图，需专注于最重要的一些内外部业务，即可能通过组合创造共同价值的业务。该图与关系足迹应具有独特性，反映公司的能力、目标以及竞争地位。正如本章其他例子所示，企业关系足迹可能包括价值链的不同层次、细分市场、垂直市场、地理区域、技术领域以及行业之间的联系。图 2—5 提供了一个启发思维的例子。

绘制和使用企业的关系足迹，需先准备一张（大的）白纸，并依次采取以下步骤：

1. 确定企业目标和决定竞争力的关键成功因素。这需要对企业进行战略分析。考察企业的竞争态势和潜在竞争优势；评估企业内部能力、优势和劣势；确定可能通过新的组合弥补的差距。你的战略目标是什么？为实现该目标需从外部获取哪些能力？该分析可揭示企业下一步需遵循的做法，即是否将重点放在价值链、地理区域或其他要素。坚持企业有较强竞争力的领域，以反映最重要特征与竞争格局的方式绘制图表（如果不这样做，绘制出的图表看起

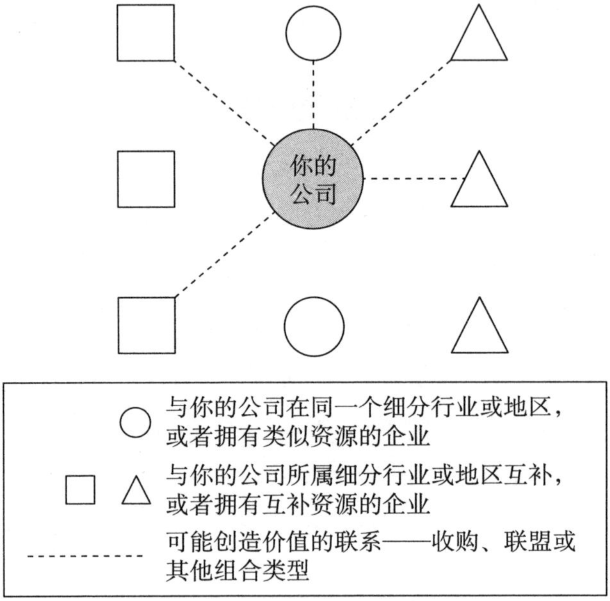

图 2—5　绘制企业的关系足迹图

来像一团乱麻，很容易含混不清）。

2. 描绘在该领域当前的组合。现在，整理相应的数据，以展示目前的合作伙伴网络能使企业沿战略目标走多远。显然，该图不仅需包括各种各样的联盟，也应包括主要供应商和渠道；随着时间的推移可能会决定将它们转化为不同的东西。此外，也需考虑最近的收购，尽管在某种程度上，它们已不在内部能力分析范围内。注意企业现有业务组合的相对优势。

3. 描绘潜在的联盟和收购。通常情况下，绘制目前的组合图可揭示尚不存在的组合。这一步应该识别那些潜在的组合，其中包括一些重要关联，即可以补充或代替前面步骤薄弱环节的联系。新组合可能在哪个环节创造共同价值？

4. 评估关键联系。退一步会发现，一些战略需求很可能比其他需求更迫切。哪些是关键的业务组合？哪些业务组合相对薄弱？有时，合作伙伴关系之间本身有联系。哪些新的联系应该优先考虑？

5. 绘制竞争对手的关系网络。使用竞争情报绘制竞争对手的关系足迹，并确定能应对竞争对手的最佳潜在新组合。竞争对手在不久的将来可能做哪些业务？能预见会发生什么？

6. 比较自身与竞争对手的关系足迹。在以联盟形式展开竞争的行业中，这一步骤尤为重要，如全球航空业及争夺标准的技术领域。企业所在联盟具有哪些竞争优势？竞争对手有哪些超越企业的威胁？

相比提供的答案，本章增加了更多的问题，理由很明显：这里只是向前看了些风景，并没有决定做什么。为了回答这些新问题并做出相应决策，我们需更好地理解三大法则的逻辑。多看一些相关的例子，多掌握一些基本的工具有助于我们的理解，这些将在下一章阐述。

第二部分

使用三大法则构建组合

REMIX STRATEGY

The Three Laws of Business Combinations

三大法则的原理很简单，甚至不言而喻。然而，遵循这些法则做决策，却是一件具有挑战性的事情。每一个法则都有其自身的逻辑性、重要因素的清晰集合以及独特的权衡关系。本篇三章内容将深入阐释每一个法则，并介绍一些新概念和新工具，以帮助决策者做出更好的重混战略决策。

本篇突出了三大法则在不同情况下如何发挥作用。根据每个行业的具体细节，选取了具有很大差异的公司和案例。每种情况代表了不同的条件——不同的竞争力量、监管环境、财务与运营需求以及组织与文化因素。尽管它们都是成功的重要条件，但本书并不试图解决所有这些细节，而是侧重各种不同情况的一般逻辑。以这种方式提出的指导原则，将有助于考察企业自身的复杂情形。

本篇每章都集中考虑其中一个法则，但这样做可能会使读者忽视各法则之间的联系。然而，战略实施效果通常依赖于整体理解这些关系，因为某领域的最优选择，可能意味着是其他方面的次优选择。正因如此，本篇突出强调三大法则之间的重要联系。

第三章

第一法则：确定潜在共同价值

经营战略旨在创造价值，创造价值可用多种方式来理解。价值创造的一种常见理解，是提高产品或服务的消费者价值。虽然对非营利组织而言价值创造本身不是目的，但企业战略的最终目的却是创造价值。有时，企业确实可通过提高消费者剩余创造价值，这种方式增加需求和消费者支付意愿。此外，企业还可通过降低产品或服务的销售与储存成本创造价值。无论哪种战略，或两者的结合，都会产生更高的利润，从而使公司具有更高的价值。公司市场价值是价值创造的另一种思考方式。

重混如何创造新的价值？一般来说，它必须为消费者提供更多价值或更加节省成本。之所以称为共同价值，是因为这是通过合作创造出来的价值。共同价值的创造并不容易，因为它同时涉及重混的第一法则和第二法则——创造共同价值的潜力必须存在，且必须通过组合管理实现该潜在价值。为便于分析，重要的是要区分价值创造的两个方面。此处，我们开始专注企业如何确保遵循第一法则——需要知道共同价值的来源（第四章将探讨第二法则，即企业需实际获得共同价值）。

共同价值带来协同效应

在 1938 年出版的经典著作《经理的职能》（*The Functions of the Executive*）中，管理学之父巴纳德（Chester Barnard）提出了组织的共同价值理念。他没有使用术语“协同效应”，因为当时并无该术语。然而，该书隐含着协同效应的基本思想，即缺乏彼此直接或间接合作的一个人或一组人无法完成很多事情。

协同是关键。然而，近年来它的名声并不太好。与企业初创者不同，首席执行官通过高价并购追求协同效应，但通常并购后整体价值并未超过其部分价值的总和。收购公告宣称预期的协同效应，很快遭到市场分析师的嘲笑。虽然管理者认为协同效应很靠谱，但结果往往令人失望。

上一章讨论的戴姆勒-克莱斯勒失败并购案，提供了一个经典的例子。仔细分析这一著名案例，有助于理解共同价值的概念。接下来，关注一下此案例的后续进展。

在戴姆勒和克莱斯勒合并后，公司预计每年的协同效应达到 38 亿美元。其中，30 亿美元将来自研发、采购、金融服务和组织效率的成本节省，其余则来自销售额的增长。在戴姆勒花了 6 亿美元的相关合并成本后，预计将会产生这些利益。通过计算，协同产生的税后净现金流量将会带来大约 130 亿美元的净现值。

表面上看，由于戴姆勒和克莱斯勒合并前总市值只有 770 亿美元，因而 130 亿美元净现值是一个可观的收益。换言之，该预计协同效应占公司合并前总市值的近 17%。还记得之前提过的数学算式吗？此处它将是：1＋1＝2.34。

如果仅是这样的话就太简单了！然而事实并非如此，因为需考虑两个现实约束条件。首先，如此高的年度协同效应并没有实现。资产甚至新的资产组合，本身并不创造价值，它们当然不会自动产生比以前更多的价值（在私募股权界，一般将独立创造的附加值称为“出汗资产”(sweating the assets))。协同必须精心设计。在这种情况下，为产生预期的成本节省，戴姆勒-克莱斯勒的合并需巩固两家公司的研发实力、集中采购，统一和密切协调销售与融资政策等。但对一家充满自豪感的美国公司和同样自信的德国公司而言，这样做被证明是太大的挑战。克莱斯勒最终从中剥离。

其次，克莱斯勒的经济状况恶化，这意味着克莱斯勒带来的交易资产最终比戴姆勒的感知价值低。最终，公司合并后，130 亿美元的预计协同效应根本没有实现。

但这并非所有现实约束。为获得预期的 130 亿美元协同效应，收购时戴姆勒必须对克莱斯勒的股东进行支付，这是并购的标准程序。为实现股份所有权和控制权的转移，目标公司的股东通常需溢价支付。在本案例中，支付溢价为并购前克莱斯勒股票市值的 28%，即 80 亿美元。因此，无论戴姆勒并购后能否实现 130 亿美元的协同效应，该德国公司已向克莱斯勒的股东支付了 80 亿美元预期金额!

在急于全球扩张的过程中，戴姆勒寻求与克莱斯勒和其他汽车制造商创造共同价值的机会，本身并无过错，甚至可断定为正确。因为可能将自身技术和品牌延伸到已有销售市场之外，而戴姆勒的投入可能有助于另一家公司的规模和市场准入。真正协同效应的典型情况是：公司拥有某种资源，如果与另一家公司的资源进行结合，可以产生更大的回报。戴姆勒和克莱斯勒的问题在于，高管们似乎不知如何评估模糊、高额的协同效应能否真正实现，以及合并后需采取哪些管理措施。

因此，协同并非一个贬义词，因为该概念需要洞察力。之所以它名声不好，是因为在很多情况下，公司确定潜在共同价值的方法依赖于运气，而不是客观分析。许多公司确定组合价值的方法依靠各种直觉，如客户的反馈、工程师的灵光一闪、会议的走廊谈话、高管的顿悟，以及从其他公司挖来的“高人”的巧言令色。一旦某高管通过顿悟或高尔夫球场上的谈话开始达成协议，则可能很难停止下来，尤其是当他在企业地位很高时。通常，企业领导人不考虑任何替代选择而达成交易，即使考虑寻找其他选择，往往也只是事后想法。这样的交易一般都比较差劲，且最终对所有参与者都不好。

因此，遵循三大法则是创造真正协同效应的关键。这样可确保发现和追求的潜在价值真实可信，且设定的期望和交易结构具有针对性和目的性。本章其余部分将关注如何识别和确定组合的潜在共同价值，随后的章节重点讨论第二和第三法则涉及的问题。

在哪里寻找共同价值

寻找共同价值分为两个阶段：先分析企业的外部环境，然后分析内部环境。在第一阶段，通过搜索业务范围，寻找与企业互补的其他企业。（在经济学理论中，商品互补指的是拥有一种或更多商品可以增加其他商品的价值，例如面包和黄油、汽油和汽车、电脑硬件和软件。）在第二阶段，进入这些企业和企业自身内部，确定创造共同价值所需的业务组成部分。

成功进行大量收购并使用联盟战略的公司，两个阶段的工作都做得很好。它们不断研究业务范围、产业供应链、生态系统以及垂直渠道等，从而通过联合其他公司确定产品的新用途，以及能带来产品附加值的新技术或改善产品分销渠道的新方式。然而，重要的是它们也能敏锐地意识到，管理由此产生的相互依存关系并不全是协调互补资源，这还可能涉及重叠业务的管理——减损一方的成功或取代另一方的成功。一般来说，企业合并后管理业务重叠表明是反竞争的共谋或卡特尔。但是，正如我们将看到的，即使是互补业务的组合，公司也需要抑制竞争。在合作与竞争之间取得平衡，并不是一件简单的事情，这一问题将贯穿本书始终。

寻找外部互补的企业

虽然每一家企业都有独特的买家、卖家和技术联系等，但其经营概貌很可能像图 3—1 所示的其中一种模式。图中三个模型展示了单个企业间最常见的互补性资源。通过每种模式的产品流动和技术依赖关系（联系），某家企业受到其他企业的影响。在市场模式下，企业面向相同的市场销售产品；在链形模式下，企业之间互相买卖产品；在堆栈模式下，企业联合向最终消费者出售产品。

当然，图 3—1 经过了简化和抽象处理。在具体情况下，互补可能来自于这些资源的组合，或图中没有展示的其他方面。无论使用哪种方式，为了发展与外部企业之间的战略关系，企业需要确定互补性最强的资源。

这三种模式对应于 20 世纪 60 年代社会学家詹姆斯·汤普森（James Thompson）描述的三种相互依存关系。汤普

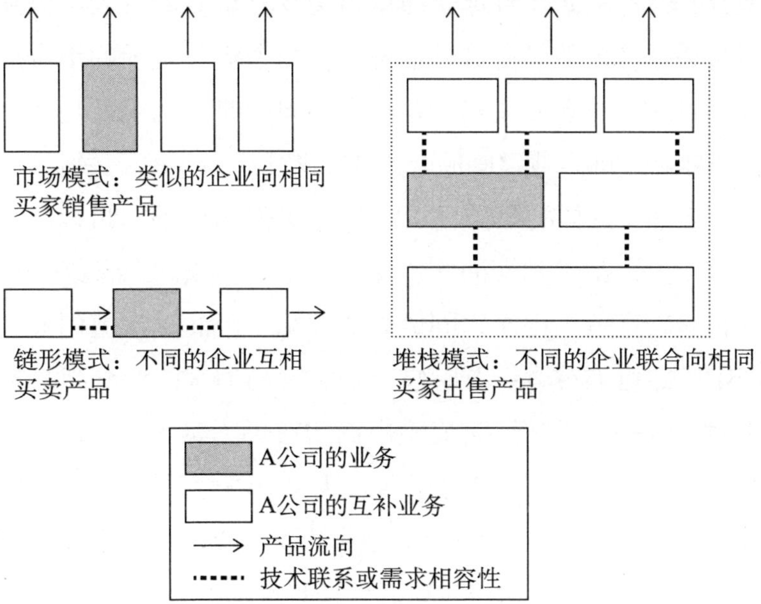

图 3—1　每家企业都是互补型业务系统的组成部分

森解释说，在早期有关组织结构的理论分析中，组织必须处理部门之间的集合性、序列性或相互依存性。在集合型组织中，各部门独立分享组织的资源，或为组织的共同利益服务；在序列型组织中，一个部门的产出成为另一个部门的投入；在相互依存型组织中，各部门的投入和产出彼此依存。

考察一家企业环境的最常见方式是市场。除特殊的垄断以外，每一家企业都与其他企业展开市场竞争。尽管市场上这些企业具有汤普森所说的集合型依存，但它们彼此间大多是竞争对手关系。不过，这些竞争对手间有可能具有互补性，例如，若企业通过组合或分享共同投入可以获得规模经济效益。在这种情况下，两个竞争对手的组合可能通过降低成本而创造价值——协同的典型例子就是横向业务组合，即企业之间的合并或收购。

当然，这样的组合也可以产生更强的市场力量，仅从买家或卖家获得利润而不创造新的价值。横向业务组合往往代表着竞争与合作之间的微妙平衡，因而经常遭到反垄断部门的重点审查。有时候，增强市场力量的业务组合旨在对抗竞争对手、买家或供应商的市场力量。例如，宝洁收购吉列的部分原因是为了与如沃尔玛等大型零售商抗衡。在航空业，反垄断部门批准增强市场力量的兼并和联盟，部分原因是允许申请企业更好地与其他大型公司展开竞争。同时，反垄断当局也拒绝了一些拟建的联盟，如马士基公司建议成立的全球航运联盟，该建议威胁到主要贸易航线承运商力量的集中。

考察企业外部互补业务的另一种方法是，将某企业到下家企业的产品或服务流视为一个链条。当链条间通过更多协调或共有权带来利益时，这种供应链或价值链会产生协同作用，通常称为纵向组合。当某环节销售产品的数量、质量和成本影响下一环节的产出和活动，则在该系统中会产生某种互补性资源。协同的另一个来源是各环节之间的技术互补性。有时，一个环节的技术特征高度依赖于相邻环节的技术特征。某环节可能更好地满足其他环节的需求，从而在组合中创造更多的价值。该系统即为汤普森序列依存性的理论形式。

企业互补的市场和链形模式众所周知，因为它们代表了古老的传统行业。从最早的贸易时代起就有市场，工业革命的装配技术则普及了供应链。从这个意义上讲，企业间的堆栈模式较新，主要来自于计算机行业。但类似于传统模式，堆栈模式一旦在该行业普及，显然也适用于其他传统企业。

计算机行业之所以称为堆栈模式，是由于计算机系统的不同部分堆在一起（堆叠），从而使得系统作为一个整体运转。例如，个人电脑至少由微处理器、内存芯片、输入输出设备、操作系统和应用软件组成。如今，更多更复杂的堆栈出现在某些行业的核心，如智能建筑及所谓的物联网产业。这些堆栈中的每一个都需要多个组件——从传感器与计算机部件到连接件的基础设施，再到提供用户信息并允许他们控制系统的设备。多家企业提供整个系统的所有这些零件，并一起形成了一条为终端用户服务的链条。通常情况下，对任何一家服务终端用户的企业而言，组件范围过于广泛和多样化。其结果是，一个不生产任何东西的系统集成商作为第三方，将这些组件捆绑在一起，或这些组件简单地出售给用户。所以，当整个系统最终包含堆栈的所有组件时，企业并不总像供应链那样聚集购买这些组件。在从信息技术到医疗保健系统的现代竞争性行业中，堆栈模式越来越普遍。

在这种堆栈模式中，组件之间存在较强的技术互补性，或至少组件生产商之间需要较强的协调决策。这些组件需要相互兼容，类似于说它们具有互补性。有时，这种兼容性是非黑即白的，也就是说，某组合成员的特定工作其他成员根本不做。在其他情况下，兼容性是一个程度问题，即某些组件重混成的堆栈可能比其他重混运作得更好。在汤普森的理论中，这里的相互依存部分表示互相关联，部分表示共同作用。

这种堆栈模式的业务组合很可能产生协同效应。但如前文所述，在现实生活中，这种组合不是横向组合就是纵向组合，因此，可将该组合称为横向或纵向组合。但这些术语并不经常使用，本书仍使用堆栈组合这一术语。

共同价值的主要来源

上述三个模式揭示了在哪里寻找产生共同价值的业务组合——企业互补的行业领域。你可能会找到潜在盟友、收购目标，或互补领域的贸易合作伙伴。但是，企业与这些合作伙伴共同追求什么？什么战略将真正创造共同价值？共同价值通常有四种来源：增加规模、扩大范围、改善管理协调，以及增加未来的选择。这些来源如表 3—1 所示。

表 3—1　共同价值的来源

共同价值的基本来源	为何企业组合可以创造价值
增加规模	• 大量生产降低生产成本 • 大量销售或购买增强市场力量 • 专业化提高规模经营效率 • 大量用户产生的网络效应
扩大范围	• 大量资源共享节省成本 • 交叉和联合销售增加需求
改善协调	• 减少供给和需求的不确定性 • 特定资产投资的更高激励 • 降低依赖和滞留风险 • 增加产出和活动的适应性
增加选择	• 增强对冲未来不确性的结果的能力 • 提高对新信息作出反应的能力 • 增强战略和环境变化的灵活应对能力

规模经济。共同价值最常见和多样的来源是规模经济，即大量的产品生产可能降低成本。棘手的是，规模效应可以出现在企业活动的几个阶段。为构建一个成功的业务组合，获取共同价值的潜在来源，企业需要周密设计规模经济。

生产的规模经济往往局限于工厂的水平，即它们来自于规模较大的工厂，而不一定来自较大的企业。例如，为了利用规模经济，巴斯夫（BASF）在欧洲和中国建立了世界上最大的化工厂。为降低生产成本，智利的纸浆和纸张生产商（如银星公司）扩大了信封生产规模。

当企业寻求分担高额的投资成本时，这种生产的规模经济可能会导致业务组合。更常见的是，企业在现有规模和建厂能力的条件下，通过业务组合寻求产生规模经济。全食公司（Whole Foods）和星巴克都通过横向组合发展自身实力——收购美国不同地区的类似零售业务。两家公司所利用的规模经济在于营销和管理能力以及供应商关系。同样，啤酒业发生的一系列兼并和联盟，也不是由生产的规模经济驱动的（有效率的啤酒厂相对较小），而是由营销和分销的规模效益驱动。

不同类型的规模经济还可以出现在业务需求方。增加客户需求的业务组合有时会导致网络外部性——由于更多用户而增加产品价值。这类效应在信息和通信技术行业很常见，比如流行软件、社交媒体和用户生成娱乐。在这些行业产生更多用户的组合，可增加每名用户获取的价值，因而至少理论上可增强用户的产品支付意愿。堆栈组合通常针对这样的效果。例如，当 eBay 收购 PayPal 时，eBay 的领导层希望共同促进交易处理和拍卖服务，从而增加双方的业务量。更典型的是，企业可利用联盟增加用户群的规模。苹果与谷歌结成联盟，与应用开发商、电信运营商、媒体公司合作，目的就在于拓展其智能手机的用户规模。

范围经济。范围经济是规模经济的一个重要衍生物。规模经济与范围经济的区别，类似于“更多相同的东西”和“更多类似的东西”的差异。规模经济表明价值可能来自于生产更多的相同产品，而范围经济表明价值可能来自于生产类似或相关的产品。在这个意义上，宝洁公司收购吉列增加了范围经济——收购使组合成员能出售更广泛的各种产品，它们虽然有明显差异，但在某些方面相关，如品牌、渠道和物流。于是，剃须刀和男士止汗剂（吉列生产线）的销售可能与口红和女性止汗剂（宝洁生产线）分摊制造费用，从而形成收益。

除了分摊成本，组合成员为追求范围经济也可以从事交叉销售，即吸引某种产品的客户购买另一种相关产品。尽管交叉销售不太可能在男性和女性止汗剂之间进行，但它一直是金融服务企业发生并购的动因，如花旗（Citicorp）和旅行者（Travelers）合并成为花旗集团。然而，该案例的不利结果表明，交叉销售利益往往很难实现。

哈佛大学企业史学家艾尔弗雷德·钱德勒（Alfred Chandler）表明，20 世纪早期的大型企业非常依赖规模和范围优势。最近，规模和范围优势的作用似乎正在改变。新生产技术和利基市场、利基产品的出现，使得专业化可产生更大的优势，即使不存在规模经济和范围经济。具有卓越产品设计、营销和服务能力的中小企业，往往可以凭借低成本战胜大型企业。

因此，规模经济和范围经济并不总是导致更大的企业，它使得企业更专业，并关注更多。其中一个例子就是 ARM，一家设计智能手机核心微处理器的公司。公司的联盟网络使其能够在消耗少量能源的芯片上，发展出独特的竞争优势。这样的联盟无疑会降低生产成本，但可能更重要的是，它允许芯片公司以独特方式深化其专业知识和研发。当然，增加规模通常会增强公司与买家谈判的市场力量（如 ARM 公司），从而产生另一种形式的共同价值。

管理协调。当横向组合提高市场计划能力时，企业可享受管理协调的优势。一个经典例子是航空公司之间通过并购，形成航线网络、机场入口和设备的整合。此外，链形和堆栈模式中的企业彼此依赖，只有做到更好的协调才能产生重要利益。链形模式中的供应商必须按正确数量生产，在合适的时间向买方提供产品使用说明；堆栈模式中某组件必须与其他组件兼容等。因此，组件之间联系的质量可能影响系统整体性能，其结果是能管理协调好系统组件的组合可产生共同价值。丰田和沃尔玛因与供应商的紧密合作而闻名，这使它们及其供应商保持低水平的库存。

纵向和堆栈组合也能在投资中改善协调能力。这里的改善协调指允许各方投入更多经济学家所谓的专有资产，这一概念将在下一章进一步解释。简言之，专有资产是堆栈或链中有价值的（或最有价值的）资产，因为它们以特定方式服务于堆栈或链的不同组件。例如，该资产可以根据具体情况形成产出，以更好满足供应链下一阶段的需要。如果没有下一阶段，或下一阶段需要其他的东西，则产出将毫无价值。于是，专有资产形成的产出自身在堆栈关系之外价值很低。

在这种情况下，供应链首端的企业不大可能投资专有资产，除非确保链的下一环节购买该资产的产出。电动汽车和充电站之间的关系，就是堆栈中资产价值相互依赖性的一个例子。充电站的短缺会阻碍电动汽车的使用；同时，这些充电站的投资决策也依赖于电动汽车的普及。只有投资这两种资产，每种投资才有价值——此时，两种资产都是专有资产，这也是特斯拉投资充电站网络的一个原因。

更好地协调可以优化产品流，并降低各业务依赖其他企业的风险——被“牵着鼻子”的风险。降低该风险是 eBay 收购 PayPal 背后的另一个理由。此前，eBay 交易的近 2/3 通过 PayPal 支付，如果 PayPal 陷入困境，或提高费率，买家几乎没有其他支付选择。eBay 曾尝试过发展自己的支付系统，但未能成功。因此，在收购之前，eBay 的拍卖市场存在 PayPal 中断的风险。

未来选择权。虽然未来选择权是不太常见的共同价值来源，但也十分重要。事实上，当企业将来寻求更好的处理风险和不确定性的方法时，这样的选择权可能会显得更为重要。

业务组合通常为公司实现目标开辟新的途径，其巨大效益可能来自于为未来行动创造的选择权。在金融市场，选择权（期权）的价值众所周知：只需支付较小的期权价格，就有未来买入或卖出某物的权利。战略领域相应的概念是实物期权：现在只需进行小额投资，就能获得将来扩大业务规模的机会（或让实物期权到期，如同金融期权那样）。因此，业务组合可能需后续执行才产生价值，即使要等到以后才能决定到底如何执行。eBay 收购 PayPal 也产生这种协同作用，尽管 eBay 开始的本意可能并非如此。事实证明，PayPal 自身已成为一家领先的互联网企业，它不依赖于 eBay 的交易，且在国际业务增长方面开辟了新的途径。

在新兴技术领域，获得未来选择权尤为重要。针对可能变得重要或可能失败的技术，像思科这样的公司一直在投入小额赌注。如果该投资成功了，思科可提前使用该技术；根据交易条款，公司甚至有可能锁定收购价格。目前流行的企业风险投资基金非常依赖这点。产生集中化利益的大规模研发在减少，而初创企业的分布式创新在增加，谷歌、IBM、三星，以及无数其他企业使用的组合投资，在本质上形成了企业的未来选择权。

这一趋势表明，有助于形成未来选择权的业务组合，很可能与利用规模经济和范围经济有所不同。该组合可能形式松散，资本投入量也小于规模经济和范围经济。这种差异可能打乱公司在某一时期集中所有组合的计划。为增加未来选择权的联盟必然规模较小，且其中大部分将“失败”，即未来不会进一步发展。这些联盟的目标是成功组合而不针对每个单独的交易。而旨在利用规模经济的组合较大，因而承担更多成功的压力。

非营利组织的共同价值来源。衡量组合成功的方法也可能较复杂，这与组织的总体目标有关。虽然前面的讨论主要针对企业，但相同的价值来源也适用于非营利组织，如旨在改善社会或环境的慈善或非政府组织（NGO）。同样，增加规模和范围、改善管理协调、增加选择权等，都可为组织带来利益。但对于非营利组织，价值的衡量方式不同于企业。

可以肯定的是，非营利组织往往也需要用收入弥补成本。在这种意义上，其价值衡量与企业并无太大不同——客户价值、收入和成本对非政府组织同样重要。但非营利组织具有无法用收入和成本衡量的目标，如改善环境、节能减排、促进教育公平和社会进步，以及扶贫等。业务组合也可帮助这些组织实现上述目标，而企业间的业务组合往往为各方带来不同的利益。

通过企业合作伙伴参与支持的项目，环境保护基金（EDF）实现了这种重混利益。该组织与沃尔玛的合作减少了家用产品中的有毒化学物质；与麦当劳的长期合作减少了固体废弃物的产生和抗生素在家禽中的使用；此外还帮助美国联邦快递公司推出混合柴油电动运货车。这些联盟显然有双重影响：它们通常有助于企业合作伙伴节省资金，或提高其在有关客户中的社会声誉；同时，该合作关系有助于非政府组织实现社会或环境目标。

这些由非政府组织和公司构成的组合，以及全部由企业构成的业务组合，其成功开始于明确共同价值的含义和可能来源。

考虑内部价值因素

然而，即使有明确的目标，企业仅与另一家具有相同市场、相同供应链或相同堆栈模式的企业进行组合，也不会自动创造共同价值。为实际获取利益，业务组合必须深入考虑内部因素——共同做的投资，技术共享方式，彼此适合的产品，等等。换句话说，把互补性企业放在一起只是创造共同价值的第一步，还需要通过整合资源和活动的方式创建协同效应。为了解第二步如何运作，需要审视企业自身和潜在合作伙伴的内部因素。

新组合的协同效应来自共同管理能为各企业带来竞争优势的要素。在上述例子中，一家公司的技术与另一家公司的营销技能联系起来，或每一家公司掌握了堆栈的一个层，或共同管理两家公司的资产。因此，创建协同效应的关键在于了解能带来竞争优势的要素。

这些要素是什么？该问题在战略研究中有两种主流学派。我们将回顾每个学派的观点，但要记住公司的最佳战略可能来自两方面。

一个学派认为，竞争优势来自独特的业务活动，即企业如何组织生产、服务客户，明确市场定位等。该学派最具代表性的人物是哈佛商学院的迈克尔·波特（Michael

Porter)。波特及其同事认为，企业的活动将其与竞争对手区别开来，从而创造出更大的买方支付意愿，或使得该企业以较低的成本经营。简言之，竞争优势来自企业做了什么，而非企业拥有什么。

另一个学派认为，竞争优势来自独特的企业资源——有形和无形资产（例如，大型工厂和专利技术）及组织能力（例如，管理技能和实践）。这一学派许多学者都做出了贡献，早期的是 20 世纪 50 年代艾迪斯·潘罗斯（Edith Penrose）的工作，最近由杰恩·巴尼（Jay Barney）等其他学者继续发展。资源基础观认为，企业的资产和能力使其区别于竞争对手，并产生获取利润的机会。概言之，竞争优势来自企业拥有什么，而非企业做了什么。

在这两种观点之间的另一个学派认为，能力最重要。这些技能和组织惯例，可以视为活动或资源。在通过并购创造共同价值的过程中，纽威尔公司一般依赖于向大众市场零售商生产和销售主要产品的能力。同样，丹纳赫公司认为其丹纳赫业务系统，是其在工程和科学业务多样性方面获得比其他企业更高回报的原因。著名的丰田生产系统是能力体现的另一个例子。

上述对战略研究学术流派的简介，并没有考虑其细微之处，但已足以明确一件事情：学派争论并非相互排斥，往往互相补充。例如，药品专利是带来价值的资产，而制药公司的营销活动也是。事实上，这一行业中的两种价值来源彼此互为基础，相得益彰。因此，在实践中，医药企业的战略家最好对于这两个方面都能给予关注，在投资独特技术资产的同时，开发一个强大的营销系统。

为更清楚地看到这两个学派的互适性，并使用双方的核心思想，我们将考虑一种发掘公司内部价值要素的新方式。

价值栈

大约 25 年前，借鉴传统制造业供应链模式，波特提出价值链模型，创建了公司关键活动内部流程图。在产业供应链中，原材料生产商向制造商出售其产出，制造商又将其产品销售给分销商。在波特的企业价值链模型中，公司购买原材料，将其加工制造成产品，然后在市场上销售。价值活动跨越了支持这些步骤的整个链条（如人力资源管理）。

以同样的方式，新兴数字业如今可能为我们提供一种新模式，并创建一幅结合两大学派竞争优势思想的完整图像。如前所述，数字业的互补性企业常用“堆栈”为最终用户创造价值。产业供应链的传统观念仍是这些行业的相关部分，但它并没有提供一幅如何创造价值的全景。此外，在行业堆栈中，一个组件或一个层往往与后面内容同样重要。软件需要硬件，硬件需要软件，每一要素其自身既不必要也不充分。

因此，作为类比，我们可以想象某价值栈在企业内部工作，正如波特设想的供应链在这些企业内部运作。在这些内部价值栈中，资产和能力一起工作，从而发生和支持能形成产出的活动（见图 3—2）。虽然原材料不需要在各组件之间流动，但每项资产或能力需要其他组件来构成系统。竞争优势可能来自一个或另一个互补组件，更可能来自它们的组合。在该模型中竞争战略学派都正确，但并非完美无瑕。

概念：企业价值栈			例子：石油和天然气的勘探和生产
产出		• 产品 • 服务	• 石油和天然气
活动		• 将投入转换为产出的业务	• 勘探 • 钻井 • 提取
资源	能力	• 技能 • 诀窍 • 组织才能	• 勘探、钻井和提取的能力
资源	资产 • 无形 • 有形	• 品牌 • 版权 • 技术 • 资本设备 • 土地	• 探测设备 • 钻井平台 • 专有技术 • 采矿权

图 3—2　剖析企业价值栈

价值栈是一种企业内部价值来源的思考方式。图 3—2 提醒我们，竞争优势可能来自特定的资源、活动和产出。在企业内部，这些元素密切相关或互补：某些资源与其他资源和特定活动搭配最好。价值栈不要求一家公司拥有所有这些元素，只表明堆栈的所有部分都有潜力对创造价值作贡献。

图 3—2 以石油和天然气的勘探和生产为例。从价值栈的底部向上，每个勘探和生产业务都从某些资产开始。这些资产可能是有形或无形资产——设备和土地为有形资产，采矿权、专有技术和品牌是无形资产。这些资产本身不产生价值——公司需要勘探、钻井和提取矿物的组织能力。上述资产和能力代表企业资源观中的资源。竞争优势的另一种观点，强调的是将这些资源投入工作的活动。

勘探、钻井和开采矿物的操作最终形成产出，由于这些产出是商品，它们本身难以成为竞争优势的来源。但若能以低成本或大规模生产，或提高其质量，则可能成为竞争优势的来源。价值栈的说法意味着竞争优势可能来自资源或活动，或两者的组合。

价值栈更深的竞争优势来源于什么？对于一家拥有特定资产获取权的公司，其可能优势在于价值栈的底部，即开采矿产资源的特权。但优势也可能来自价值栈的较上方，即配置活动和市场定位的方式。例如，一家专门从事困难地质勘探的公司，可将自身与其他公司区分开。因此，资产、能力或活动本身很有用，可以提供优势：这是过去几十年战略学思考的焦点。重混战略的思想要求我们聚焦价值栈的不同方面，即构件的相互作用和组合如何创造价值。

组合价值模块

由于价值栈的每个构建模块都可能有价值，故企业活动观和资源观都正确。现在抛开学派争论，着重考察这些资源和活动的独特组合如何创造价值。

如前所述，共同价值来自不同类型的组合。规模和范围经济可能来自多家企业更好地利用资源，或协调的改善可能来自共同管理活动。通过对价值栈的构件模块进行重混、匹配与联合，重混战略有可能创造价值。

经济学家和战略学家早就接受这样一种观念，即某种活动或资源的组合可能产生竞争优势。然而，业界人士历来认为这种说法存在问题，如公司的边界如何确定，以及其经营范围包括什么。通过权衡外包活动或内部完成的边际成本和边际效益，公司几乎接近该问题的答案。本书后面将返回这个问题。

本章余下部分不再关注公司边界问题，而聚焦捆绑活动和资源束创造竞争优势的思想，以及超出这些活动和资源的固有优势。由这些组件构成的整体模块，可能比构建模块自身更有价值。

为理解这点，设想将某行业的工作分割为供应链的阶段，依次由一系列资源、活动和产出构成。结果矩阵中的每个元素可称为价值模块——依次为相邻栈增加价值的基本元素。原则上，一家公司的业务可包括整个矩阵或任何特定的部分。严格地讲，企业的经营就是一个战略选择——选择参与组装的价值模块。

石油行业的例子有助于说明这种思维方式。石油行业完整的价值模块如图 3—3 所示。其中，从左至右的列表示行业供应链各部分的内部价值栈——从上游（石油勘探和生产）到下游（终端产品销售）。结果矩阵展示了关键行业要素，任何给定公司可选择是否拥有。如果没有共同拥有

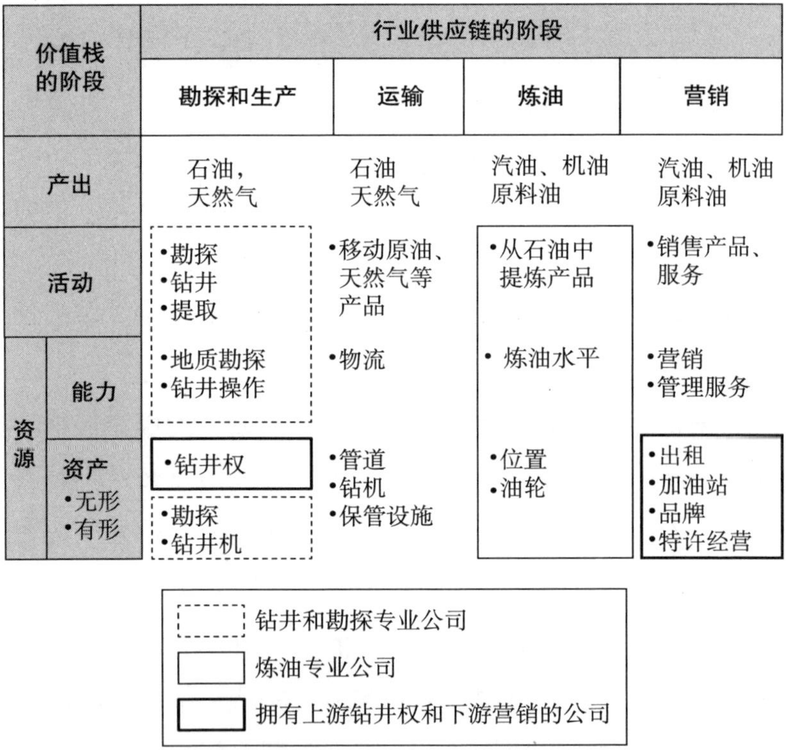

图 3—3　石油公司如何配置价值栈中的要素

某要素，企业还可以松散的方式组合后获取。

为了降低风险，该行业中大型公司的传统战略是进行大规模的横向和纵向整合。“七姐妹”——20 世纪上半叶的行业领导者，拥有石油开采权，可自己勘探石油，使用自己的设施运输和精炼原油，并用自身品牌分销和销售最终产品。换言之，“七姐妹”每家公司的业务都跨越图示整个区域——横向跨越供应链和纵向跨越价值栈的每个阶段。

除用整个矩阵的组合方式外，该产业的价值要素也可按其他方式组合。例如，公司可能拥有开采权和最终营销资产（图中用粗实线框表示），并与其他公司交换其他价值模块的服务。另一家公司可能只拥有勘探和钻井平台，并服务于使用钻井权的所有者（虚线框）。另一种类型的公司可能专注于供应链某个阶段——如专业炼油公司（细实线框）。不同的公司仍需协调其活动以完善供应链，因而与其他公司形成除所有权之外的其他组合。

事实上，石油行业的结构随着时间推移而不断演变，产生了所有这些不同捆绑方式的价值模块。随着价值链上专业公司的兴起，价值栈的各种要素发生了变化。由于专业公司专注于业务领域或特定活动，因而其业务活动的管理水平往往比大石油公司高。

政府利用对自然资源的控制力，加速了石油行业的去整合（de-integration），这种力量在早期曾迫使所有权和行业经营的分离。此外，政府利用其议价能力，迫使“七姐妹”在供应链部分提供选择性服务，并分享选择性能力。最后，如行业进入成熟阶段时通常发生的那样，工业技术和实践开始拆散“七姐妹”。也就是说，去整合不仅造成供应链阶段的分离，而且剥离了价值栈要素（产出、活动、能力和资产）。

不同公司拥有和控制石油行业的不同部分，如今已很常见。英国石油公司发生的墨西哥湾漏油事件，是造成这种趋势的导火索。英国石油公司与阿纳达科石油公司拥有共同开采权，并获得合资企业的经营特许权。哈里伯顿公司掌管着深水地平线钻井平台，后为越洋公司所有。同样，有的公司通常涉及输送原油，而另一些公司专注于炼油。

类似的去整合也发生在计算机行业，其中横向整合让位于“碎片化”的行业结构，即每个组件和层都由各个专业化公司经营。该模型适用于石油和计算机这两种非常不同的行业表明，它也适用于许多其他行业。在当今航空业，飞机的所有权往往与其运营能力分离，因为它们可以租借使用。当信息共享使一家航空公司销售另一家航空公司的飞机座位时，飞行业务可以与营销业务分离。在医药行业，有些公司专注于药物研发，有些公司看重临床试验，而其他公司聚焦市场营销。分散化模型也在不断变化。每天报纸上有关外包的报道，都强调企业的某些活动可从其竞争性资产中分离。耐克只负责设计、品牌和销售，实际上并不生产任何鞋。反之，伟创力公司主要制造电子产品，基本不参与设计、品牌或销售。

即使上述分析具有普遍适用性，但它明显过于简化。任何一个行业都无法仅用一个矩阵描述。每个组件都可进一步剖析，组件之间的联系也比这里更为复杂。重混战略包括改变企业所拥有和管理的价值模块的配置。在前面的例子中，企业通过增减业务范围模块，以及改变业务模块间的联系来实施重混战略。除了进行收购和联盟，企业也需要偶尔剥离资产。事实上，资产剥离在理论上是业务组合的另一面（见专栏“资产剥离：业务组合的另一面”）。

洞 见

资产剥离：业务组合的另一面

在重混战略中，决定业务范围不包括什么与决定包括什么同样重要。许多垂直整合的公司剥离了一些价值栈，以更好地专注于其他业务。该战略通常是并购战略的另一面。为专注于某一块业务，企业可能剥离不相关的业务；同时，该剥离可能产生用于投资并购的现金。

为了将业务从现有领域转向新的领域，很多化学公司使用剥离战略。例如，陶氏化学计划向沙特出售其塑料业务，并用所得现金收购特种化学品公司罗门哈斯。（经济危机时销售额下降，但收购仍然进行。）拜耳公司逐渐剥离了化学品和材料业务，并结束与一个制药与作物科学巨头的合作。在其他行业，与收购搭配的撤资也导致了企业变革。IBM 出售了包括个人电脑的一些硬件业务，与此同时，重新专注于软件和服务。这些例子表明，当撤资与并购密切相关时，该战略可能有助于企业重塑。

在另一种意义上，资产剥离也是收购的补充——它们往往是一个交易的两个方面。例如，当通用电气剥离美国国家广播公司的所有权时，康卡斯特收购了其广播网络。有时此类交易与另一个方向的销售匹配，只是做了一次交换。通过价值超过 250 亿美元的一揽子交易，诺华公司将大部分的肿瘤业务出售给葛兰素史克，葛兰素史克反过来又将其疫苗业务卖给了诺华公司。与此同时，两家公司将消费者保健业务组建一家新的合资企业。作为一揽子交易的一部分，诺华公司也向礼来公司出售了一项业务。

由于资产剥离和收购往往互为镜像，我们可以使用相同的框架来理解它们。这看起来似乎自相矛盾。企业合并旨在创造共同价值，而资产剥离又如何做到这点呢？重混的第一法则是否适用？答案是肯定的。资产剥离也可能创造价值——如果单独的企业比合并时的价值更高（使用前面的类比，当现有组合 1＋1 的值小于 2 时）。如果企业资产在某组合（即剥离公司）的价值比另一个组合（即收购公司）价值低，则出售资产将有利可图。如果企业作为独立主体本身更有价值，此时资产剥离更为合理。为建立规模效应，资产剥离后可能需收购新的资产，如柯惠医疗从特科国际公司撤资后所做的那样。资产剥离只是柯惠医疗新组合战略的开始。

因此，虽然表述相反，资产剥离往往也需遵循第二和第三法则。资产剥离需要有增加现有独立资产价值的潜力（第一法则）；而为实现这点，剥离也需有效管理（第二法则）——旧资产需要剥离，新公司需要成立，且新的独立企业必须按照新政策利用其独立性优势。此外，资产剥离的方式应留下一些价值给某家公司，而将其余价值留给另一家公司（第三法则）。因此，重混战略包括资源和资产的剥离与重新组合。为了清晰起见，本书只明确关注一个方面，即业务组合自身。

寻找有潜力的组合

为运用本章的思想，需绘制本企业和互补企业的价值栈。图 3—4 提供的工具有助于识别较大潜力的业务组合。

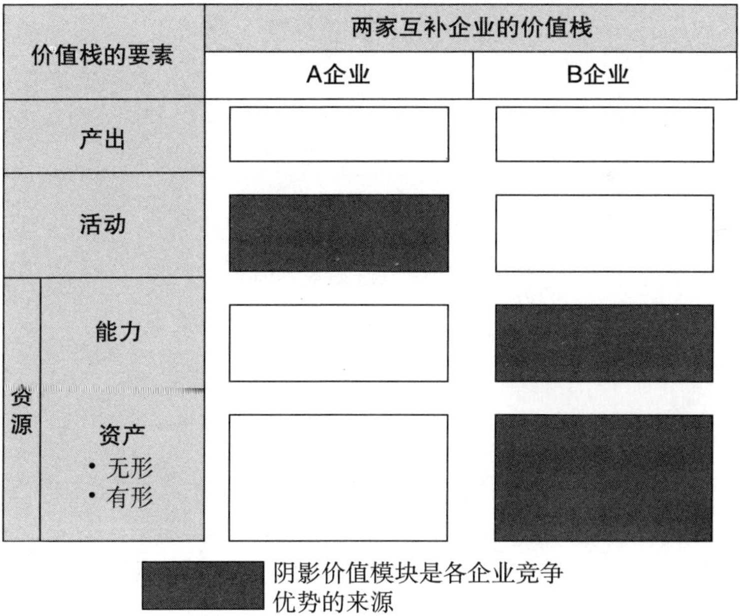

图 3—4　寻找有潜力的业务组合

为使用该工具，首先考虑企业外部因素，从而找到具有协同潜力的业务组合。协同作用或共同价值可能来自规模和经济范围、改善协调或增加选择权的数量。一个方便的搜索方式是绘制一个所属行业图，以显示企业在市场、链形或堆栈模式下的互补企业价值栈，如图 3—4 所示。沿着这些结构进行系统性移动，考虑企业是否可通过业务组合或资产剥离创造新的价值。

然后，考察已绘制企业的内部，以确定需关联地构建协同效应的价值模块。要做到这一点，首先需明确能给企业带来竞争优势的要素，该要素也可能需要从外面引入。其次，考察外部互补企业的价值栈。最后，评估企业内部模块和外部企业的组合是否可以创造共同价值。

图 3—4 的阴影部分表明两家潜在合作伙伴企业的优势来源。为创造共同价值，哪些价值模块需要关联在一起？例如，如果创造共同价值的关键在于将一家企业的品牌与另一家企业的制造技能进行组合，则该图有助于寻找组合所需的相关模块。该图也可用于设计组合形式，这将在第四章讨论。请记住，图表只是适应企业需要的一种抽象表达。

如该工具所强调的那样，寻找共同价值可分为两步：首先确定互补的企业，然后关联价值模块。跳过任何一步很可能产生问题。即使在前面付出了代价，也未必能找到协同效应。以宝马收购英国汽车公司罗孚为例，为获得罗孚 80%的资产，宝马公司支付了超过 13 亿美元，最终却只拥有一家公司的空壳。收购前，罗孚与本田有着紧密的合作关系。多年来，本田一直向罗孚提供技术、零部件和管理服务。在宝马收购之后，本田一并退出了合作安排，带走了多年来维持罗孚运转的关键价值模块。若宝马更仔细地审视罗孚的内部价值栈，就会意识到，预期协同效应来自于捆绑本田本身。结果，在剥离业务并将剩余资产便宜卖给一家私人股权公司之前，宝马又在英国经营投入了 40 亿美元，并保留了迷你库柏（Mini Cooper）的品牌名称与基本设计，并在后来变为盈利的汽车生产线。

上述例子表明，价值模块之间的组合可能以不同形式出现。一家企业拥有资产的全部所有权和控制权即为其中一种形式，这也正是宝马试图与罗孚构建协同效应的原因。但如本章其他例子揭示的那样，各种不同形式的协议可能实现类似目标。本田与罗孚的合作（比宝马更成功）涉及英国公司的少数股权，以及一系列供应和技术合同。下一章将深入讨论企业如何选择正确的组合形式。

第四章

第二法则：治理合作关系

为实现共同价值，企业必须确保有效治理每个业务组合。治理不善容易损害潜在价值。更糟的是，还会伤害到每一方的价值，例如，合资企业解体将影响参与企业的声誉，而管理不当的收购会使投入资金变为沉没成本。换言之，第一法则、第二法则需搭配使用。此外，治理效果将影响价值分配方式，即第三法则强调的内容。有效治理是重混战略的关键。

此处，术语“治理”的含义不同于董事会政策和公司章程。治理在本书中指管理组合资源的方法。在第二章，已知道企业选择的整个关系谱。企业应该在哪里寻找影响最大的组合？企业应该如何随时间改变管理？正如我们已知以及将在本章学到的更多细节，每种选择都需要不同的共同活动管理方式。再次强调，重要的不是详细条款和组合结构的法律条件，而是治理组合的具体方法。

摘下有色眼镜

多年来，关于想如何确定企业的关系谱，我发现管理者有强烈的个人情感——实际上是偏见。这是一个问题，因为强烈的偏见使他们戴上了有色眼镜，此时他们需要做到打开思路。考虑下面的例子。

多年前，在准备出席大型美国高科技公司联盟战略的研讨会时，我接到组织者的一个紧急电话。“不要使用联盟这个词，”她紧张地说，“因为我们的律师不喜欢它，”她解释道，他们喜欢伙伴关系这个词，并问我是否可以更换术语。对我来说，这似乎是一个小的文字问题，所以我替换了演示材料中的术语。那时我还没有意识到这个问题在公司内部有多深的影响。

在研讨会期间，当公司高层将印有 13 条规则的新草案呈给参会者时，我开始领会到其中的利害关系。在标题为“合作关系‘大规则’与业务关系‘风格指南’”的章节，该文件指出，尽管认识到其他公司会加入‘联盟’，但“（本公司）不会。(在本公司看来）‘联盟’是长期的、广泛的、开放式的以及不明确的结构，它使得一方的投入缺乏明确或约定的补偿”。

此次研讨激发了我除会议安排之外的兴趣。越深入研究这家公司，我就越意识到这些规章只是更大模式的一部分。这并不意味着公司没有对外交易，该公司确实也有对外交易，因为它必须得这么做——甚至管理指南认为，“没有一家公司可提供最终用户需要的所有附加值”。然而，该规章表明公司担心其业务关系受到控制的程度。许多公司都是控制狂，不同公司有不同的体现形式。“如果值得做，我们就按自己的方式做”，就是这样一种方法。另一种是坚持“我们的方式或途径”。迷恋控制的公司往往有合作关系规章，以避免股权投资或合资，或只允许自身拥有多数股权的合资。

问题在于，在现代竞争中这些规章往往是一种自我强加的束缚。当不考虑任何特定类型的业务组合时，相当于你在戴戒指时将一只手绑在身后。只有利用手上所有的工具，才能更好地参与竞争。有发誓远离合资的公司，也有一些坚持 50/50 合资且获得成功的公司。像我的客户那样，公司经常声称它们的限制性方法都具有法律含义，但其律师可能会忌惮“合伙关系”而偏爱“联盟”，称呼真的有那么大的区别吗？

怎样避免戴上束缚企业交易决策的有色眼镜？首先需了解交易决策涉及的选择，这样才可能摆正每个交易的位置。本章将讨论如何做到这点。

我们也会考虑另一个问题，这与刚才所描述的公司偏见有关。联盟与合伙是管理起来特别棘手的组合，原因将在后面阐述。由于这种困难性，管理者通常厌恶这些关系，而更喜欢关系谱的两端——简单交易和全面收购。通常，这只是因为管理者参与交易和收购的经验比合伙多。但同时，合伙关系变得越来越普遍和必要。因此，本章也包括有助于设计和管理联盟的工具。

三种关系模型

为选择一个特定类型的组合，一些公司使用制造或购买分析的变种，这也许是盟友选择决策的扩展。即便如此，公司往往采用松散或特殊的选择标准，因此，组合治理很快成为一种挑战。

考虑波音公司为建造梦幻飞机 787 而确定外部关系的决策。公司将比初期项目更大的部件委托给外部供应商，表面上是为了节约成本，并加快建造速度。同时，为建造一种具有革命性的、最先进的飞机，波音要求工程师们在设计和材料方面做到极致。

事实证明这些目标并不一致——既要做更新颖和更困难的事情，又要更便宜和更快速，这是一种不合理的要求。承担所有新工作的关键供应商没有足够投资，关键部件并不总在其需要时准备到位，飞机的各个部分有时确实无法匹配在一起。通过购买重要供应商和增加自己的工厂，在内部做更多组装工作，波音公司扭转了局面。但波音 787

梦幻飞机的成功试飞，几乎比原计划推迟了两年。

过度外包会带来问题，有时公司某些业务坚持内部做比通过外部做更好。在 Linux 操作系统和英特尔架构普及（便宜）后的很长一段时间，太阳微系统公司坚持内部开发 SPARC 硬件和 Solaris 软件。早期这些资产确实为该公司带来性能优势，但后来也面临更为激烈的竞争。

有时候，坚持追求内部管理权注定导致收购或兼并。事后看来，相比兼并美国在线，时代华纳与美国在线或其他方的互联网服务签订协议会更好。

这些对控制权过度依赖的例子，也许是一种传统的思维方式。在过去的二三十年里，通信和数字革命使得协调活动更加容易和便宜，且无需拥有所有权控制，业务流程外包就是一个最好的例子。如今，由于可用数字技术跟踪许多流程，公司可以将许多活动外包给专业机构，并对其实施远程监控。同样，信息技术使得供应商之间的协调更加容易——至少在标准部件方面。对于如飞机部件制造等独特和复杂活动，则很少外包。

毫无疑问，波音、时代华纳和太阳微系统公司的高管有其决策的方法和理由，但结果却引起质疑：他们是否使用了一种综合方法来评估潜在业务组合？虽然决策者不能预计到任何计划所有可能的问题，但可通过系统思维避免设计业务组合的明显错误。

为确定需要什么类型的交易，首先应考虑企业战略，然后才是交易的具体内容。许多管理者都犯了过早分析各种交易结构优缺点的错误。他们忘记了这些结构服务于组合的基本逻辑——其形式必须具备产生共同价值的作用。

牢记这一点，考虑第二章介绍的三种关系模型（交易、联盟与合并）的主要特点。对这三类模式关键特征的概括如表4—1所示。该表经过必要的归纳与抽象，在现实中企业交易可能会有略微不同的特征，或可能是倾向于一种方式或其他方式的综合。

表4—1　　　　三种关系模型：交易、联盟和合并

	如何创造共同价值	关系如何治理	价值如何分享
交易	独立的各方通过交换产出来协调活动	每一方都负责基于价格信号的自身决策	公平分享：开始时设定交易条件（主要是价格），各方的成本决定交易的盈利性
联盟	通过分享某些利益的各方之间产出和资源的交换来协调活动	通过合同协议和管理沟通，各方都影响其他方的行为	随时间调整支付：按照利润分享机制，合作条款和资源分享回报随时间调整
合并	通过共同管理和利益来协调活动	各方行为受制于共同所有者的控制权和公司内部政策	现在支付，后来产生利润：收购价格是卖方资产的回报，买方获得剩余利润或损失的权利

全球航空旅行的关系模型

航空业提供了一个展示这些不同模式的一般例子。航空公司之间之所以普遍存在各种各样的商业关系，是因为乘客的航空旅行往往涉及多家航空公司的多种航班——特别是国际旅行。航空公司之间的合作程度会有所不同，这取决于它们之间的协议关系。

假设一名乘客想从俄亥俄州托莱多到德国的斯图加特。他可乘坐联合航空公司的飞机从托莱多飞往芝加哥，然后继续乘坐该公司的另一航班飞到法兰克福，但随后乘客需转乘德国汉莎航空公司的航班去斯图加特，因为德国城市之间未许可联合航空的航班飞行。因此，联合航空公司和汉莎航空公司之间的协调服务，对航空公司和乘客都有意义，它们通过加入星空联盟实现了合作。现在，让我们推想一下它们开始时面临哪些选择。

航空公司之间的交易。协调航空公司航班的最简单方法是签署联运协议，类似于表 4—1 中的交易模式。这种协议允许一家航空公司（通常是航线上的第一家公司）销售的机票也包括所涉及的其他航空公司的旅行部分。该模式没有共享的里程计划或共同服务水平的期望，更重要的是，没有特别安排可无缝对接的航班。

在这个模式中，每一家航空公司都做平常的事，双方只是在自己的票务服务、旅客服务和费用之间进行交易。此时，通过合同规定的既定条款，实现了产品（或服务）的分离和覆盖。

航空公司之间的联盟。最简单交易模式的下一步是代码共享协议。在这个模式中，航空公司在履行联运协议的基础上再做一些更多的业务。基本代码共享协议涉及航班号的共享，因而得名。在上例中最可能共享的代码是芝加哥—法兰克福的航班号。本质上，联合航空和德国汉莎航空在该航线上竞争，它们每天各有两或三趟航班。现在，由于共享的航班号均出现在航班时间表上，它们将协调各自的航班安排。虽然实际飞行仍然由承运人负责，但乘客认为至少可监督营销公司的服务水平，因为营销公司的名字也在航班安排表上。

看起来代码共享协议像联盟模式，因为它会导致更多的生产协调、某种程度上的风险共担，以及为两家合作伙伴在一定程度上定制服务。然而，仍有通过进一步合作产生附加共同价值的空间。共享代码本身是一个简单的联盟——在关系谱联盟区域的左下角（见第二章图 2—1）。事实上，航空公司联盟可以走得更远，并一路攀升到联盟区域的右上角。许多航空公司关系的变种即为本书所定义的联盟，且它们有如下更多的合作：

- 共享里程计划，并允许使用合作伙伴的里程安排
- 共享使用的休息室和服务台
- 主要机场的登机口相互靠近
- 共享人员和地面服务
- 使用共同品牌联合营销（例如，星空联盟）
- 联合购买物资和燃料
- 联合购买飞机

- 相互股权投资或共同投资于姐妹航空公司

实际的航空公司联盟已涉及所有这些特征的组合，甚至更多。这些联盟也组成更大的复合群体，由此带来的治理和战略问题将在后续章节讨论。

虽然这些联盟复杂且大部分也很成功，但它们产生某种共同价值的能力有限。例如，联盟中各航空公司的里程和航线结构不太可能平衡或优化，因为该结构通常很难分享到削减席位的利益。同样，由于盟友向合作伙伴作出重大承诺的激励不足，因而服务和品牌的全面整合不可能在这种松散安排下完成。

航空公司之间的合并。为避免联盟的一些劣势，许多公司考虑更进一步的合作，即全面合并。它们这样做旨在获得对联合经营的统一控制权，从而允许进行更深层次的整合与投资承诺，并获得管理或限制竞争的能力。相比联盟，合并难以集中在一个狭窄的业务单元——在正常合并中，联合航空和德国汉莎航空不能仅仅合并托莱多—斯图加特的业务。合并也往往更加昂贵，通常比联盟更难撤销。更重要的是，整合过程中出现的风险往往难以均摊。

因此，全球航空公司寻求更深层次的特定航线联盟。但具有较强管理能力和竞争性航线定价的联盟，面临被美国和欧盟当局裁定为反竞争的风险。因此，航空公司运用反垄断豁免创建了所谓的“合资企业”，从而可分享这些航线的利润。承运人要求当局批准这种合作。联合航空和德国汉莎航空在争论中获得豁免，因为它们仍面临跨大西洋航线的其他航空公司的充分竞争，而该航线是芝加哥—法兰克福航线的近似替代品。实际上，反垄断豁免权允许联盟像合并那样运作，至少在特定航线上。联合航空和德国汉莎航空并不是第一家获得这种豁免的联盟，到现在为止，各大航空公司联盟的部分成员拥有反垄断豁免权。

答案出在关系谱中联盟和合并区域之间的边界。此处，联盟结构的表象和行为与合并很相似。相反，某些合并可能允许参与方保持相当的独立性，从而公司表现得几乎像在某联盟内部。在关系谱的下方，同样的情况出现在交易和联盟之间的边界。此处简单的联盟（例如，单纯的代码共享）几乎像寻常的公平交易关系。同样的道理，一些交易关系可能涉及重复合同，从而表现得像联盟。

当然，若跨越多条航线可带来利益，航空公司也可能进行整体兼并——只要法规允许。虽然航空法规仍不允许不同国家航空公司之间的合并，但如果反垄断当局批准，合并可能发生在美国的航空公司之间或欧洲的航空公司之间。因此，为了在其本国或区域市场追求规模优势，出现了达美航空合并西北航空，联合航空合并大陆航空，美国航空合并全美航空，德国汉莎航空合并瑞士航空，荷兰航空合并法国航空——最后一个合并保留了一些国家特质。

治理模式的影响因素

为便于讨论，关系谱显示的三个区域（以及所揭示的关系模型）十分有用。然而，在现实中，业务组合的选择是一个很少甚至从不中断的连续过程。通常，联盟或市场交易只是程度问题。一些具有紧密结构的联盟可近似为收购，而一些整合松散的收购则更让人觉得像联盟。

因此，将潜在组合过早归属于一个或另一个区域，通常是一个错误。许多公司落入这个陷阱，特别是当它们将不同种类的交易分配给不同管理或人员单位。最好在设计和识别时考虑更全面，因为业务组合的选择取决于变化的规模，而规模的向上或向下变化受各种因素推动。一些因素需要更紧密的结合，从而产生合并；其他因素则需要松散的组合。最好的解决办法可能是这两种力量之间的折中，即兼具两端的特征：有些方面紧密联系而其他方面更松散。当然，决策的关键是要考虑治理对创造共同价值的影响。

组合治理模式选择的主要影响如图 4—1 所示。你可将这些想象为沿着合并或交易向上或向下转动转盘。根据这些条件的平衡，交易的最佳模式可能最终在中间（联盟），或在关系谱的两端。例如，当需要不同专业公司的多个价值模块时，治理应倾向于箭头的左边（第一个箭头的头部）。然而，如果参与方需要专用资产投资，治理应倾向于箭头的右边（第四个箭头的尾部）。最终选择取决于图中所示变量的权衡。

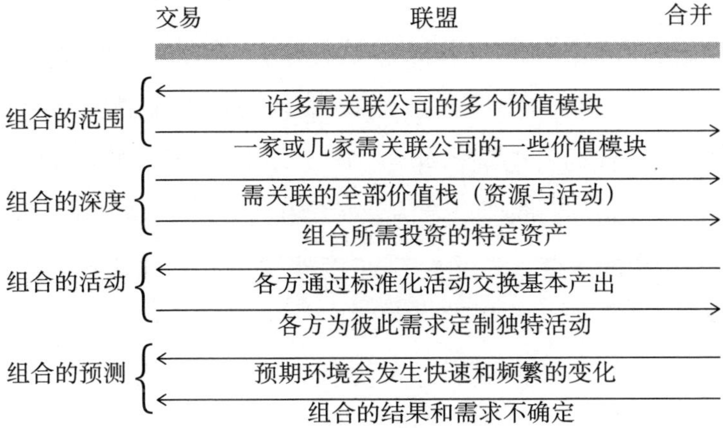

图 4—1　共同价值如何影响治理

组合的范围。当共同价值战略依赖于众多专业公司的产出，则松散、聚焦型的联盟可能优于紧密、广泛如合并的组合，因为聚焦型关联将给予不同专业公司合作的灵活性。考虑围绕物联网前景涌现出来的联盟，例如，在医疗保健行业，心脏监测仪等智能连接设备的制造商与数据分析公司、手机软件开发商、网络服务商以及医院与医生办公室，组成了引人注目的多边联盟。这些在开始时是松散联盟，因为大多数参与者需联系其他多个参与者，且希望保留应对新兴产业变化的灵活性。随着时间的推移，这些物联网联盟可能会变得越来越有深度，也更具选择性。

类似的结果指向联盟而不是紧密的合并——当组合的

范围狭窄，即组合只关联每个参与方的部分业务。这是很多大公司组建联盟背后的一个经典原因。苹果和 IBM 决定合作开发公司市场的移动解决方案。尽管可能具有很好的成长性，但该未来业务仍然是每家公司的一个狭窄组合。另外，创造共同价值需要连接每家公司价值栈的特定部分——IBM 的公司销售和咨询活动，以及苹果的移动技术能力和产品。新联盟是专注该特定机会的针对性尝试。

组合的深度。若组合需连接涉及每家公司价值栈的几个构建模块，则更紧密、有深度的组合优于松散组合。汽车公司的组合往往属于这种类型。如雷诺加入日产，以及最近的菲亚特投资克莱斯勒，每个案例中的参与者都计划整合汽车设计、制造和销售，即整个价值链。它们还需要获得最好的设计能力、品牌权益以及每个合作伙伴的工厂位置——这需要沿价值栈上下的全面合作。它们选择的联盟形式是合资企业，也就是说，它们接近于规模的合并。

一个紧密的联盟或合并在创造共同价值时，更可能需要投入专有资产。如前所述，这些资产用于关系中比关系瓦解时更有价值。一个经典的例子是铝土矿精炼厂。这些大型投资之所以通常毗邻铝矿山，是由于矿石在未加工时运输费用昂贵。此外，各家精炼厂的位置相对于矿石的特性而言是最优的。换言之，这些精炼厂是矿山经营者关系的专有资产。于是，这些工厂几乎都由矿主所有，且铝公司将产成品出口境外。如果没有所有权的控制，精炼厂业主可能担心受制于矿山经营者且无追索权，反之亦然。

组合的活动。同样，参与创造共同价值的活动类型——基本活动或定制活动，影响组合治理模式的选择。当然，商品不需要通过联盟来进行交易，因为它们都有开放的市场。然而，航空航天业等专用组件没有这样的市场，这就是波音和空客为何严格管理供应商的原因之一。汽车制造商也面临这个问题，但一些汽车零部件并没有高度定制，所以它们与供应商的关系可能更接近于交易模式。一个有趣的例子是轮胎，如今轮胎是通用的，即任何轮胎可在任何汽车上使用，但在汽车工业早期，轮胎面向特定汽车生产和销售。这就是为什么福特和凡士通在 20 世纪初组成紧密联盟。在轮胎成为普通产品后，产品失败使得合作者彼此指责，从而导致联盟土崩瓦解。

组合的可预测性。影响合作治理的最后一个主要因素是变化程度和不确定性。在物联网的例子里，我们已经知道动态环境中灵活性非常重要。此外，在合作刚开始，有时并不清楚精确的共同价值如何创造出来。这些条件要求具有灵活性的组合，而不是紧密的合并。

雪佛龙和林产品公司惠好在生物燃料方面的合作可以说明这一点，其他的一些因素如图 4—1 所示。在 21 世纪前十年的中期，美国的一些州制定新法规，要求在汽油中增加乙醇的使用。该生物燃料政策立刻使雪佛龙和惠好的业务互补。利用草和其他植物的纤维素，公司预计生产二代乙醇。新兴价值链可能包括种植和收获植物材料，这正好是惠好的专长。在价值链的另一端，雪佛龙将乙醇与汽油进行了混合。但价值链中端有一个任何合作伙伴都没有掌握的关键步骤，即纤维素材料的加工，学名为生物提纯。

在图 4—1 中，市场和技术的不确定性使组合倾向于中小合资企业，因为可以在不成功时解散。此外，该合资企业后来与 KiOR 结盟。KiOR 是一家生物提纯初创企业，其资金提供者是比尔·盖茨和硅谷风险投资家维诺德·科斯拉。但 KiOR 的技术没有成功，且市场条件在油价大幅下跌时恶化。在与雪佛龙和惠好进行交易且 IPO 几年后，KiOR 破产。对于雪佛龙和惠好，联盟是一个尝试而不是重大承诺。对于技术和市场涉及大量不确定性的组合，该治理模式是适当的。

监管约束。附加说明：上述讨论表明，治理的最佳选择假设企业有选择。某些组合是不得已而为之或看上去如此。多年来，外国公司进入中国、印度和许多其他新兴市场的唯一途径是通过合资企业；在这些国家的许多行业，仍然是这样的情况。即使在工业化国家，如航空和国防工业仍对外部投资者讳莫如深。因此，在某些情况下，完全拥有股权（类似于兼并）可能根本不可用。这并不是企业选择可能受限的唯一方式。在从初创生物技术公司寻求有前景的新药的排他性许可时，制药公司经常说，只有通过联盟或收购才能获得许可。

然而，即使企业选择似乎受到限制，也需要理解组合背后的共同价值逻辑。当回答外国公司为何需要比标准法律规定更多控制，实施该限制的政府难以给出令人信服的理由，于是开始放弃设置的壁垒。即使是初创公司也会以合适的价格出售其“珍宝”。另外，知道企业在理想情况下的需求，有助于决定何时避开应对约束。20 世纪 70 年代，当面临必须和当地企业合伙时，IBM 曾退出印度市场。当时，鉴于公司的全球一体化战略，以及印度仍在现代经济中苦苦挣扎，IBM 的决策很有意义。

无论是约束还是自由，选择何时加入联盟对许多管理者都特别棘手——他们最熟悉的通常是关系谱两端，而不是中间区域。本章后面将考察通过联盟管理交易，而不是简单的交易安排。

细看联盟治理

你现在明白了关系谱的运作方式——这是交易的基础条件，揭示了什么样的治理形式最适合特定任务。然而，迄今为止我们或多或少视这三种关系模型为等效选择。事实证明，中间区域——联盟提出的特殊问题，大多数管理者最不能理解。

管理者为了成功进行业务组合，应同样从容地处理任何治理形式的关系谱，包括联盟。传统的管理技术适合关系谱的两端——其中一端为交易型合同，另一端为充分整合的并购。如果能理解中间区域，则可清楚地看到它与两端的不同之处。

回顾第二章中斯科特·麦克尼利的推特："我最喜欢的合伙关系是采购订单。"该陈述的问题在于，采购订单是最坚决的不结盟。这是一个简单的交易合同，即位于关系谱部分的左下方。

麦克尼利质疑联盟最可能的原因在于：在每个联盟背后实际上隐含着一个不完全合同，它是一个经济学术语，有些律师可能不大喜欢。简言之，这意味着双方之间的协议不包括所有事件、所有问题或现实世界所有可能的状态。这种"隔阂"很常见，但不是因为律师懒惰或无能。在复杂的任务中，很难详细指出所有这些东西。（专栏"联盟背后的理论"提供了进一步的理论背景。）

洞 见

联盟背后的理论

该经典理论走过了很长的路。联盟治理背后的经济学理论称为交易成本经济学，罗纳德·科斯（Ronald Coase）和奥利弗·威廉姆森（Oliver Williamson）因该理论获得诺贝尔经济学奖。该理论认为，经济单位的交易成本由它们之间相互作用的性质决定。

根据这一理论，交易成本不是如手续费或运输成本的运营成本。相反，交易成本来自合作条款缺乏明确性和可执行性，以及各单位合作时的依赖性。下面看看合同不完全性的一些来源。

交易谈判

- 尽职调查的时间或其他约束可能限制谈判者的信息来源。
- 技术和市场的变化可能使得企业难以预见未来突发事件。
- 项目的不确定性可能使得企业难以明确所有成本和收益。

交易监控

- 公司有意或无意地隐藏信息和行为。
- 有些投入或产出的价值难以测量或量化。
- 同其他项目的关联使得企业难以分离交易的成本和收益。

协议执行

- 薄弱的知识产权制度可能阻碍公司诉诸法院。
- 合作伙伴可能发现，如果没有解体的威胁，合作协议难以执行或执行起来成本高昂。
- 对交易的依赖可能导致利润分享中断的风险。

如经济理论所解释的那样，由于合同必然具有不完全性，当管理者发现这些问题时，创造价值的潜在交易可能无法完成。既然合同不能涵盖所有突发事件或明确规定所有条款，就会存在昂贵的诉讼风险或合作伙伴的机会主义行为。

因此，联盟合作伙伴必须有意识地管理合同中的空白，首先须尽力正确设计联盟——最小化潜在冲突和最大化合作激励。本章提供的工具将展示如何做到这点。

为成功管理一个联盟，需要管理这些漏洞。然而，当面对开放式情境时，传统的管理技术要求指挥和控制，以

快速果断地应对新形势，但这种做法对联盟不合适。事实上，每个联盟都有某种类型的共同控制。这可能是一个共享所有权的合资企业，或是一方控制联合项目某部分而另一个方控制其他部分的松散安排。因此，这些组合中每个合作伙伴的控制都不完全。难怪没有经验的管理者认为，联盟是一个棘手的领域！

有关联盟的最后一个难题在于：如果合同关系和所有权关系在根本意义上不完整，那么维持这些联盟的因素是什么？在理论上和实践上，答案均为对未来共同收益的期望。博弈论专家称之为潜在的未来阴影。管理者可能将它归于联盟的关系价值。由于存在未来收益期望，联盟中的各方有动力解决合同中没有预见的问题，这不属于任何一方的明确决策权。要做这项工作，聪明的联盟业界人员通常建立治理结构并不断创新。从技术上讲，人们称这种类型的交易为关系契约。

联盟的灵魂

明确定义联盟很重要，因为该定义决定了如何管理关系谱中间区域的交易。在经济理论与管理实践中，可能将联盟具体定义如下：

- 一种组织机制
- 使用共享控制来管理
- 一种不完全合同
- 参与者之间彼此独立

● 依靠关系价值维持

虽然将上述表述连起来读成一句话有些拗口，但现在5个陈述中的每个语句应该很清楚。第一，联盟是一种管理业务组合的方式，可采用正式的公司结构、松散的管理流程，或两者兼备。第二，联盟中任何一方都没有完全的决策控制权，否则这一交易将被称为合并。第三，通过联盟共同完成的工作没有在正式协议中完全明确。通过尽职的律师，联盟将面临重要的开放式问题，即决定合同中没有预见到的问题，等等。如果不具有开放性，参与方之间的协议将被称为交易。第四，参与方互相独立，即它们没有控制所有权。最后，该复杂的交易结构将参与方联系在一起，因为各方期望从现在和未来的关系中受益。

联盟的直观表达如图4—2所示。

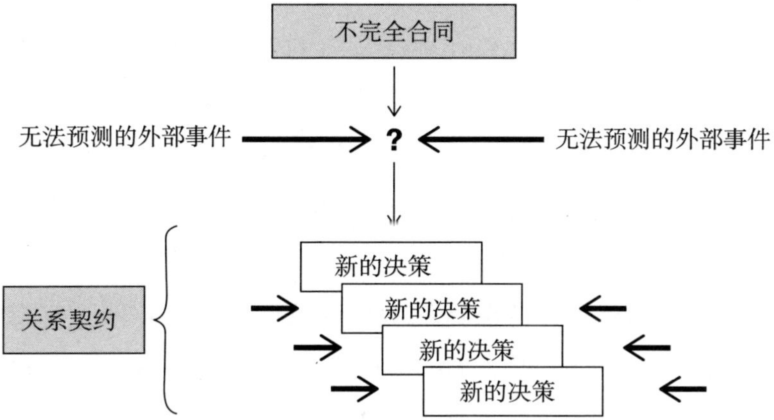

图4—2　联盟是一种管理开放式协议的模式

标准合作关系的产生与瓦解

惠普公司和甲骨文公司之间长达几十年的联盟是一个很好的例子，即联盟来自双方的不完全合同和未来收益的明确期望，而当未来收益的期望消失时，联盟将土崩瓦解。在过去二十年里，惠普和甲骨文在许多方面是理想伙伴关系。后来，两家公司卷入一场严重的争执，导致数百万美元的诉讼费用。

甲骨文和惠普的业务在传统上高度互补。简单地说，惠普生产硬件，甲骨文生产软件。两家公司几乎没有直接的重叠——硬件业务依赖于软件业务，反之亦然。认识到这种适宜合作关系的理想状况，甲骨文和惠普创建了一个深度联盟，通过该组织协调它们的研发、生产、销售和服务。

当甲骨文收购惠普在硬件领域的长期竞争对手太阳微系统公司时，该合作关系的逻辑开始发生变化。此次收购是甲骨文首次进入硬件领域。与此同时，通过收购 EDS 公司和 Autonomy 公司，惠普自身也开始进入软件和服务领域。

当甲骨文宣布其流行的数据库软件新版本将停止支持惠普电脑时，爆炸性事件一触即发。甲骨文声称，它有这样做的自由，因为合作协议并没有指出将支持惠普未来所有的硬件——这样的未来承诺是合作协议的空白。该公司没有签订正式合同，明确保证这种持续的支持。

惠普起诉甲骨文违反了一个隐含合同，因为合作伙伴之间的惯例做法一直是甲骨文支持惠普的软件更新。总之，惠普称公司之间存在关系契约。出乎分析师的意料，法院支持了惠普的要求。不过，尽管惠普赢得了官司，但与甲骨文的关系显然已经破裂——该关系此前为硬件制造商所依赖。

联盟瓦解获得的教训

使用合作关系的公司既可学习惠普—甲骨文全盛期的成功，也能从该联盟的瓦解中获得教训。事实上，许多在甲骨文与惠普合作关系第一阶段的相同成功因素，在其最近阶段都消失了。

不要相信“信任”。个人信任确实有利于公开沟通和建立顺畅的工作关系。多年来，甲骨文和惠普就有这样的高度信任关系，但后来情况发生了变化。

企业不能常年靠个人关系来维持主要业务合作，特别是如果企业战略利益存在分歧。许多其他联盟的历史证实了这一结论。某人离开了，领导方式将发生变化。至少在大型组织中，个人承诺与公司承诺永不相同。公司不是个人，它们是复杂的组织，应该遵循其利益相关者的利益，而不是高管的个人感情。

尽量签订合同，即使对于合伙关系。惠普和甲骨文面临问题的根源在于对合作协议的理解分歧，该分歧本可以通过一个合同来弥补。好联盟的生存靠个人信任的想法是个奇迹，而且很危险。

几年前，我问一家非常成功的美日合资企业的美方董事长，他看了多少次合作伙伴之间的合同。答案使我大吃一惊："每天！"他解释说，公司每天都有意识地关注合同中的角色、责任和约束条款。每次作用发生本质变化，公司将签订确认相互了解的补充合同。这些值得信任的合作伙伴认真对待其合同。

事实上，每个基于不完全合同的联盟，并不排除律师力所能及地试图避开漏洞。联盟协议的开放式，不是出于自满或懒惰，而是因为试图避开所有过于昂贵、耗时或有误导性的不足。

用良好的合作关系管理来治理不足。然而，即使是用心良苦的努力，合作协议通常还是有一定的不足。有些项目将一直模糊不清，也许是因为参与者无法预见可能出现哪些问题。它们后来达成一致，甚至不知道将面临什么问题。为管理这样的不足，双方需要合适的沟通渠道、决策方案和领导力。

很多人都在研究联盟管理机制。具有讽刺意味的是，观察者们往往将惠普吹捧为联盟管理的最佳实践模式之一。在某种程度上，该公司很可能是，至少在与甲骨文合作关系的第一个阶段如此。惠普有专门的联盟团队、分配能手、书籍和网站指南，以及针对联盟的一些有价值的成功案例。

但事后看来，惠普的联盟实践对稳定状态比较理想，而不适合激烈的战略变革。所有管理流程和程序都可能存在这一弱点。在惠普—甲骨文的案例中，合作伙伴双方都改变了基本经营战略，更不用说公司高层发生的人事变动。

相比交易自身的细节，更注重交易背后的战略。最后的教训对双方都很重要：由于合作关系靠提供关系利益的未来期待维持，因而环境的任何变动都会影响一方或另一方的经营战略，从而可能危及合作关系。

换言之，交易背后的战略有远远超出交易机制的多种元素。这些元素包括联盟的基本目标、合作伙伴的选择、联盟和每个合作伙伴其他业务的关系、合作伙伴在联盟外的相互作用，以及每个合作伙伴的备选战略。此处，一个简单的文字游戏变得严肃起来：战略联盟机制没有交易背后全面的联盟战略重要。为了避免掉入这种陷阱，当看到术语“战略联盟”时，一定要记得以上表述。

设计联盟的工具

前面的经验教训和更早讨论的交易成本理论，直接产生了设计和管理联盟的三种工具。联盟想要取得成功，必须注意三个方面：（1）知道什么时候使用联盟，而不是更完全的合同，如供应商关系；（2）选择一个可能产生最大共同价值的合作伙伴，并进行有效管理和收益共享；（3）创建一个有利于企业和独立伙伴合作的结构。

美国一家大型电信公司低估了设计和管理联盟的难度，因而受到损害。该公司需要国际无线服务的计费系统，它排除了从供应商处购买现有的软件包，以为定制的计费系统会为它带来市场优势。这种思维直接导致该公司过快地选择一家小型软件公司作为合作伙伴，合作目标是及时开发尖端的软件包，以兑现向国外东道国政府所做的最新承诺。

对该设计和管理合作关系的故事进行问题剖析，是商学院生动的案例课的重要内容。几乎所有事情都可能出问题。案例的结果是，该产品没有按时完成，电信公司为应付承诺不得不求助于购买现成的产品。事后看来，如果认真看待从供应商处购买现有产品的选择，则该公司的处境将会更好。或者，如果确实有合作关系的思维定式，则电信公司应该更清楚地理解参与者。正如这家公司做的那样，虽然建立和管理联盟与简单供应商交易看起来相像，但事实证明它们是两件截然不同的事情。

决定何时和为何要形成联盟，并理解联盟中最棘手的部分，需要有一个合理的方法。除了决定前需更新选项的一般性意见，理论和实践均表明，这需要遵循一些特定的原则。我们将考虑三个关键问题。

企业到底需要合作伙伴还是供应商

决定联盟是不是业务组合最佳治理模式的第一步，是将它与两大主要替代项交易或合并进行比较。正如我们所见，这个选择并不留给律师解决，而是创造业务组合价值的重要战略决策。

在本章前面，我们重点讨论共同价值如何推动关系谱的模式选择（见图 4—1）。现在，由于联盟已有一个更好的理论武装，可以画出交易和联盟的分界线——普遍认为这是供应商关系和合作关系之间的分界线，前面提到的美国电信公司正是未能正确做出这种选择。

由于联盟是治理诸多合同先天不足的一种方式，因而当这些不足确实不可避免时，应该考虑使用联盟。然而，如果可用合理的合同文本克服不足，供应商交易可能更适合。如前所述，这些不足的解决需围绕谈判、监控或协议执行等问题。

表 4—2 中的指导原则来自于前面讨论的交易成本理论，且获得许多经验证据的支持。如本章前面一样，表中每一行可视为最佳业务关系的测度标准。例如，企业的某一条件可能要求供应商交易，而另一条件需要合作关系。在重混条件下决定企业做什么，取决于哪种条件最突出。此外，重混条件表明联盟协议的某些部分可能明确为合同，而其他部分保持开放。其结果是，表 4—2 的分析将告诉组合的哪些方面可能最有争议，值得管理部门更加重视。

表 4—2　　在供应商和合作关系之间选择

条件	供应商：可能为完全合同且有效	合作关系：可能需要有效管理的开放式合同
技术	成熟、稳定	新兴、变化快速
价格、成本	了解、容易预测	不确定、易变动
客户要求	可以制定详细规格	不知详细规格或易变
竞争性环境	市场稳定、产品通用	动态市场、差异化产品
任务要求	很好理解、可预测	不确定、需决定
投资需要	通用资产、不交易价值也相等	专用资产，交易才最有价值
关系依赖	程度低，很多竞争对手	程度高，很少其他合作伙伴

怎样成为好的合作伙伴

相对于交易和合并，联盟合作伙伴的选择既重要又复杂。与其他类型交易的情况不同，联盟协议签署后企业必须与伙伴共同合作。事实上，联盟的成功取决于企业与合作伙伴如何很好地一起工作。回想一下合并的情景，当企业购买对方时，合作伙伴会消失。在大多数交易中，对合作伙伴重要的无非是产品或服务，当然也包括交易的合同条款。

即便如此，很多企业往往贸然选择一个合作伙伴。在一家业务价值数十亿美元且雇用许多博士的公司，大多合作关系可能产生于一些人对另一些人的了解，其中另一些人知道哪些人愿意为合作伙伴的利益而工作。一旦这些“朋友”进行了初步接触，合作谈判往往会变得严肃认真，因为任何方都会考虑彼此之间是否比与另一方更匹配。当然，这样的问题可能会破坏公司友谊，但你应该向企业及其股东提出这些棘手的问题。

运用重混的三大法则，我们可以开发一个更全面的方法（见表 4—3）。如同本书中的其他工具，表 4—3 是评估企业潜在合作伙伴的起点，企业的实际决策也取决于法律、财务、组织和其他条件。虽然这些条件可能比较复杂，但优质决策背后的原理比较简单。首先，不同的合作伙伴带来不同的资源，从而不同的公司搭配可能会产生不同的潜在共同价值。其次，不要只专注于共同的利益。由于各种各样的原因，即使相互提供很多资源的合作伙伴也可能难以共事。它们可能有不兼容的战略、不同的合作预期目标，或者可能有太多的竞争利益。再次，潜在合作伙伴可能不同意权利均衡以及由此带来的收益分配。换言之，为了选择联盟伙伴，企业需遵循重混的所有三个法则。

表 4—3　　评估合作伙伴的匹配度

考虑的问题（基于重混三大法则）	合作伙伴的相对情况	匹配潜在合作伙伴		
		A	B	C
潜在共同价值是什么？（第一法则）	互补能力：各方有他方需要的			
能否一起实现共同价值？（第二法则）	目标和战略兼容：不必相同，只需不冲突 共同的项目愿景：合作目标取得共识 有限的竞争性利益：直接或间接冲突最小			
各方的收益是多少？（第三法则）	收益的可接受性平衡：双方均需获得激励和承诺			

只要牢记表 4—3 所示的每一个标准，某个合作伙伴可能看起来比另一个更合适，且该排序可能随标准不同而有很大变化。例如，一个互补能力很强的合作伙伴（第一法则），可能不具有兼容的战略（第二法则）或有竞争利益。那么，为选择合作伙伴，企业需在这些标准之间进行权衡。

这种匹配合作伙伴的方法，有助于解释 20 世纪 90 年代 IBM 和苹果的联盟为何失败，以及它们最近推出的移动应用联盟为何更成功。第一次建立联盟时，两家公司试图在共同的微处理器平台（高能电脑）上一起工作，摩托罗拉也参与了合作。IBM 和苹果也想在软件设计的新方法上展开合作，共同销售一些产品——尤其是引入苹果的技术。除了微处理器计划外，新联盟的目标没有太大的不同——共同开发移动应用程序，并把苹果的移动技术纳入企业。IBM 的全球服务部门将指导合作开发企业解决方案，并运用 IBM 的数据分析软件和云计算基础设施。

两家公司在 20 世纪 90 年代尝试建立的联盟为何失败？其中一个原因在于它们仍是直接竞争对手。差不多十年前，苹果在著名的 1984 年超级碗广告中曾自豪地宣称，其 Mac 电脑将挑战 IBM 电脑的霸主地位。在苹果和 IBM 第一次结盟时，苹果不再使用该提法，其部分原因在于 IBM 受微型计算机革命的不利影响，自身的业务量下降。IBM 帮助苹果进入事业发展轨道？刚开始这话听起来像是白日梦。联手创建新的微处理器平台？该战略成功的可能性很大，因为两家公司都面临微软和英特尔的竞争。早期的苹果—IBM 联盟之所以失败，一个原因是苹果自身转移到英特尔。

为何 IBM 和苹果现在有更好的机会？IBM 目前的业务已发生很大的变化，苹果同样如此。IBM 不再生产个人电脑（该业务出售给了联想），不再主要是一家硬件公司。IBM 的目标是将服务包和设备整体卖给企业客户，并在数据分析的新兴热点领域和软件服务领域成长。这些业务日益意味着对移动电子设备的依赖，这正是苹果的新优势，而 IBM 在该领域完全没有经验。事实上，IBM 移动经验的缺乏仍可能是联盟的障碍。不过，如果 IBM 愿意指导苹果致力于企业客户的需求，且苹果有能力开发移动软件满足这些需求，则这可能是一个很好的匹配。早期研究结果表明，两家公司确实在走向开发共同价值的道路上。

总之，IBM 和苹果的互补能力如今确实存在，过去的合作关系也确实经历过失败。不同之处是如今两家公司的目标更兼容，它们之间的竞争程度也非常有限。这两家公司之间的力量是否平衡，目前还不太清楚。因此，重混的第三法则仍可能促成或破坏新联盟。

如何做到联合决策

除了选择合适的模式和合作伙伴，企业还需精心组织联盟结构。联盟条款、决策结构等方面都可能变化无穷。所有这些都有一个共同点，即在各方都没有完全控制权时，结构需要便于联合决策。正如第二章所述，联合决策的必要性是关系谱中间区域的交易特征。合同漏洞的概念使得该想法更明确。组织好合作关系的结构和管理需要，有助于做出开放问题的联合决策——甚至包括以前从没面临过的决策。业务组合的成功取决于联盟做出联合决策的能力。

成功的联合决策具有多种形式。联合决策有时正如其名，即各合作伙伴的领导者一起解决面临的问题，共同做出决策。我工作过的一家美日合资企业，会定期召开“共决命运”的首席执行官会议。在会议上，高管们确定战略问题并做出长远计划。较低级别部门将在会后有大量互动，以制定工作细节并实施计划。为使计划真正得到落实，合作伙伴通过交换人员互相学习促进交流。虽然正式上是由合资企业董事会表决确定关键决策，但合作关系联合决策的频率远远超过董事会决定。

联合决策有时意味着明确分配角色和责任，让每一方都负责最擅长的工作。在与三星组建的合资企业中，康宁公司就采取了这种方式。首次投资韩国玻璃厂不久后，康宁显然不能也不该管理那些当地业务。因此，这家美国公司将工厂管理、劳动关系和当地供应商关系交给三星处理。同时，康宁保留技术决策的最终控制权，双方也必须在年度计划和投资方面达成共识。

联盟结构包括业务组合的“硬性”结构体系，以及围绕如何联合决策的“软性”管理过程和程序。如果合作伙伴从一开始就不匹配或联盟存在的理由有问题，则这些决策系统将无法工作。只要这两个准则得以满足，我们总可找到一些成功联盟的做法（见表4—4）。联盟的建立和管理过程决定了双方是否能够在整个存续期内一起工作。联盟的初创必须激励参与方，能够维持联合决策，有利于解决冲突，并有使合作伙伴适应新条件的足够灵活性。随后的管理可能就建立在此基础上。

表4—4　　　　设计和管理联盟

联盟设计

- 向所有关键职能的员工提供合作激励。很多员工对与外方的合作都不太自然，销售人员、工程师和业务部门经理需从与外方的合作中获得有形利益。
- 确定联盟该做和不该做的事情。尽管合作伙伴之间有时存在竞争，但竞争若超出合作的程度将有损合作关系。这需要精心的合同设计，并仔细考虑战略方向。

联盟运营

- 定义合作伙伴的角色。劳动分工，有时是决策权划分，可以让每个合作伙伴专注于最擅长的业务。例如，合资企业中的一个合作伙伴可以经营本地工厂，但双方将共同做出计划和投资决策。
- 建立联合决策程序。联盟典型的开放式合同依赖于联盟自身，以及合作伙伴之间的有效决策程序。对于合资企业，这些程序在公司章程中规定。在其他类型的联盟中，企业可能有关于如何决策和什么问题更受重视的协议。

关系管理

- 管理共同业务与合作关系本身。完成该两类任务或角色可能需不同的技能和人员，以区别联盟在技术上的成功与合作关系本身的健康。
- 建立并维持信任目标。协商好合同，加强个人交往，行动可靠且互惠。是的，这些做法说起来容易做起来难。信任不会随便产生，必须靠具体的管理工具来建立和培育。
- 高效配置资源的联盟管理。尽管上述所有做法都不可能轻易办到，但低效资源配置的联盟管理是企业最常见的错误，即使对大型的实力公司也不例外。

虽然表 4—4 列出的做法大部分不言而喻，但容易被忽视。最后一个指导原则最容易违背，企业经常忽视联盟的管理。具有讽刺意味的是，它们这样做将付出巨大的长期成本。犯此错误的一个原因是，企业可能将联盟视为一种“外包”决策方式，从而依靠更熟悉业务的合作伙伴。然而，即使企业将任务进行传统意义上的外包，也需面临恰当管理该任务的新责任。当然，制造零部件或运行呼叫中心的负担可以转移给企业外部，但管理供应商和确保客户满意度的责任不能更改。否认这点意味着治理上缺乏深谋远虑。

管理不善的联盟可能使企业付出惨痛代价。糟糕的治理可能损害目前的底线或公司声誉，长远看声誉非常重要，制药公司已采取关注声誉的进一步措施。对大部分制药公司而言，与创新生物技术公司的良好关系可能是新药的主要来源。在许多这样的公司，目前半数的新药渠道来自与外部各方的合作——通常是中小企业和初创企业。因此，为了吸引最有前途的合作伙伴，制药公司纷纷将彼此视为“备选合作伙伴”。例如，礼来公司创建了一个广泛的联盟管理组织，并培训专业人员管理这些敏感的外部关系。该公司通过引入有助于更好地与合作伙伴沟通、更迅速地解决冲突的流程和做法，提高了有效管理联盟的声誉，并获得了一些重要产品。

像礼来公司那样，如果准备好管理这类业务组合，就无需害怕关系谱的中间区域。减少对一种或另一种关系谱的管理偏见，将有助于正确把握当前机会。良好的治理有助于更有效地管理共同活动，实现业务组合的期望价值。换言之，重混的第一法则和第二法则可以成功满足。第三法则呢？共同价值如何分享？合作伙伴之间的价值分享可能巩固或破坏联盟，在合作背景下解决该问题往往不容易或可能看似不礼貌。下一章将探讨如何考虑价值分享问题，以及怎样做才能避免价值分配的不公。

第五章

第三法则：分享共同价值

若遵循前两条重混法则，就会开始一段能产生新价值的合作关系，但我们还遗漏了一个成功的关键因素。这种关系组合了来自不同所有者的资源；也就是说你自己的公司拥有这些资源的一部分，外部参与方拥有另一部分。无论资源属于哪一方，它们都不是无偿使用的，资源束中的每组资源都会要求回报、利润或者报酬。否则，资源所有者不会将自己所拥有的资源分配到新组合中。

因此，分享创造的价值并不仅仅是收集成功战略，使战略能适用于组合中的各方是根本要求，由此重混三大法则中的第三条应运而生。如果某一方没有得到与贡献等价的回报，即违反了第三法则，这一方就有可能退出共同努力，那么组合也就以失败告终。正如之前所说，治理是创造共同价值的关键，价值分享对于切实可行的治理至关重要。

早期预警是合理的，有关价值分享的研究仍在进行中。一些在利润分享机制方面富有经验的管理者，在谈及价值分享时经常犹豫不决。其一，交易中的价值分配难以衡量，因为收入来源从利润分享到转让价格是多渠道的。其二，这些分享机制在交易中常常属于高级机密。在收购和上市公司中，支付价格是能够知道的，但是在其他类型的组合中，交易条款则很少公开。

当然，我们有足够的依据和理论去概述价值分享模式。这些模式对如何管理组合是重要的参考，能使合作双方都获益。

本章首先会阐明关键术语，解释组合中价值分享十分微妙且不固定的原因。然后，仔细研究竞争合作（co-opetition），这个新经济术语用于描述竞争与合作的重混。之后，我们将会看到合作伙伴在联盟中如何尝试改变在谈判桌上的地位。最后，本章检验管理分享的指导方针。

就算合作，竞争依旧存在

组合中价值分享的两难困境在于，各方如何争夺蛋糕？又如何合作制造蛋糕？当然，这种困境在所有谈判中具有普遍性。

在最近的一个会议中——组织者更愿意称之为“非会

议”——我和一位音乐家曾经就如何在各种类型的组合中平衡竞争与合作激烈辩论，至少那是最初我们讨论的话题。我们很快发现自己在争论运动队与爵士四重奏的类比，尝试从每个模式中找到解决这种困境的经验。

当然，用体育做类比众所周知。一个队伍将所能获得的最优秀的人才捆绑在一起，然后雇佣这些人才与另一组优秀的人才去比赛争夺冠军。在每个队伍中也都会存在一些竞争，比如队员们会争相成为出场名单中的一员。业务合作与体育运动相似吗？

用爵士乐做类比也是众人皆知。此处的重点是彼此相互欣赏才能，而不是不择手段地谋取地位。演奏者们跟随彼此的引领，即便在没有明确领导者时也是如此。他们信任彼此间的即兴演奏并最终一起奏响乐章。这就违背了竞价排名，更不要说争夺冠军了。业务合作与爵士四重奏有相似之处吗？

事实上，上述两种类比都有刻板印象的色彩。现实中运动队能获胜，很大程度上取决于运动员之间的化学反应。2012 年，基于这个理论排名联盟最末的波士顿红袜队卖掉了一些已经成为俱乐部毒瘤的明星队员。在新的队伍结构下，波士顿红袜队赢得了 2013 赛季美国职业棒球大联盟总决赛冠军。相反，许多乐队的成功某种程度上是因为乐手间的竞争。披头士乐队的约翰·列侬和保罗·麦卡特尼两人间的摩擦就非常有名，披头士乐队的早期竞争对手海滩男孩（Beach Boys）也是如此。

20世纪早期的石油企业家卡洛斯特·古本江（Calouste Gulbenkian）提出了一个比运动和音乐更为现实的业务合作类比，他认为“石油商就像猫”，“你不能靠声音分辨出他们是在打架还是在调情”。他知道自己在说什么——他负责策划了壳牌运输和贸易公司与荷兰皇家石油公司的全球合并案，并且将有志于在石油行业继续发展的核心员工集合到现在的伊拉克。作为回报，他在中东企业中保持5%的股份，20世纪50年代，古本江弥留之际他手中股份的估值超过5亿美元。

20世纪中东石油行业强硬手段的谈判，听起来大概像打架的猫，这也许不是个极端的模仿，但至少人们都亮出了底牌。有人将该种谈判风格与现在很多交易类书籍中提到的有教养的讨论作比较。例如，罗杰·费希尔和威廉·尤里所著的长期畅销书《谈判力》，是第一本对作者所谓的“整合式谈判”（integrative bargaining）和“分配式谈判”（distributive bargaining）做出明确区分的书。整合式谈判的目的在于创造共同价值，分配式谈判则重在分蛋糕。他们写这本书的目的，是想改变人们认为分配式谈判不能共赢的思维定式。他们花大篇幅解释双赢谈判如何让昔日的对手变成问题的解决者，进而一起创造新的价值。

费希尔和尤里提出了很多好的观点。然而“双赢”准则在一般的商业文化中根深蒂固，因此预期的合作伙伴甚至经常不愿意处理它们交易中价值分享的部分，以避免破坏彼此的好感。例如，一家顶级工业企业的管理者不愿意与供应商签署正式合作关系，因为供应商想要提前准确地知道合作关系成立后他们会得到什么类型的折扣。在另一案例中，一家大型电信公司的高级经理让律师降低谈判中对不履行合同的严厉处罚，以彰显对企业新的、较小的合作伙伴的信任。也许这种忽略法律细节的做法有时能起作用，但在这种情况下没有作用——较小的合作伙伴没有履约，大型企业失去追索权，信任被打破，创新型合作关系的观念在大型企业的文化中被玷污。

当然，你会提防极端强硬手段。但是谁不想得到工作报酬呢？共同价值也在成员间分享，这对于每段合作关系都必不可少。而且，这种分享条款至关重要。价值如何分享可以激发成员一起工作，通过建立激励措施，激励成员在合作关系中进行投资并保持长期合作关系。价值分享的条款不能解决所有事情，薄弱的价值分享条款会引起卸责、投资不足和不稳定性。这就是为什么业务组合中这方面的内容——直白地说就是“这对我有什么好处？”——不应该被禁止，而应该在早期用诚实和关注来解决。

价值分享面临的难题

与合作伙伴讨论价值分享条款时，需要从使用正确的语言开始，以便谈判对手理解谈判人的提议。现今已有许多关于价值分享的讨论，但主要问题在于企业战略家所用的术语往往具有歧义和误导性。

例如，经典的术语**分配式谈判**（distributive bargaining）意味着此消彼长或零和活动，这不是一个有用的概念，难怪《谈判力》的作者着重强调了截然相反的概念。该术语也没有真正描述谈判的结果。事实上，在良好的合作关系中，收益的分配会实现皆大欢喜的结局，因为是大家的努力创造了共同价值。更重要的是，分配的结果决定了合作的诱因。也就是说，合作伙伴不是积极就是消极地互相作用。因此，在取得共同活动的所得承诺时，价值如何分享可能是主要问题。

战略文献中的其他方法也有类似的问题。例如，在许多现代教科书中，分别讨论了"创造"价值（"create" value）和"索取"价值（"claim" value）的经营战略。诚然，在理论上这种区分有意义，但现实中这些术语中的任何一个都不可能讲述一个完整的故事。创造价值的交易也要分摊价值。同样，索取分享的概念暗示着固定权利（就像"想通过，请付200美元"一样），这也是不现实的。

战略文献中的另一个术语，**价值捕获**（*value captured*），可能更好地反映了可以达成协议的高压政策，但是通常人们不愿意使用该术语。因为价值捕获类似于用强有力且快速的行动抓住某物，之后绝不放手。当你想要"交朋友”时，这听起来很不友好。

挣值

从常规雇用合同中的提示入手，讨论价值如何分享是一种更中立、更有效的方法。毕竟雇用合同也涉及分配价值、索取价值和捕获价值。在雇用方面，我们倾向于使用挣值这个术语。在文明社会中，员工们不“抓住”薪水，他们赚取薪水。谁会否认每一方从组合中分享而来的收入呢？言下之意，为应得的价值而工作，为交换这种价值也需要放一些东西在桌上。

当然，挣值的概念有其历史和缺陷。从亚当·斯密开始，经济学家试图解释劳动力、资本和其他生产要素如何从它们所创造的财富份额中盈利。现代经济学家的模型表明，无限竞争和其他“完美”市场条件意味着收入反映每个要素的边际生产力。甚至，卡尔·马克思——从根本上讲是古典经济学家——也承认在社会主义国家，每个工人将“根据他的贡献”获得收入。可以确定的是，与合作伙伴合作赚取份额是可接受的。当然，现实中这些经济模型的理想化条件不会经常出现。更常见的是，谈判发生在具有不同特征和能力的参与方之间，并且按照理论标准来看市场条件并不完美。所以，参与方的相对实力在这些情况下显得更加重要，也不是每个人都能根据边际生产力盈利（马克思也这么认为）。

为了理解如何在这些条件下获得价值，我们需要退一步重新考虑价值是如何创造的。价值分享的条款取决于如何创造共同价值。简言之，能获得什么取决于附加价值，这个概念借鉴了现代博弈论。正如商业经济学家巴里·纳尔巴夫和亚当·布兰登勃格解释的那样，如果参与方的行动或资源有助于扩大组合中所有成员可获得的蛋糕，那么，参与方就可以为组合“增加价值”。蛋糕的增加量称为参与方的附加价值。

参与方的附加价值，取决于它的贡献对共同目标的重要程度。如果你是可以决定组合价值增加还是减少的关键参与方，你的附加价值会高于只为整体增加了一点点价值的小角色。比起第二种情况，你在第一种情况下可以盈利更多。

这个来自博弈论且有价值的想法很直白。然而，众所周知其理论很复杂，也很难反映混乱的现实。在现实世界，通常会有比简单模型中更多的参与方，很难也不可能度量出每一方的贡献、政治权力、创造非市场偏见和限制的作用以及在不确定的环境中，随着时间推移而产生的利润。因此，组合中的成员有时赚的比附加价值多。

美国职业棒球大联盟运动员的收入就是一个例子。棒球一直是一种数字游戏，点球成金（money-ball）的规则使它更是如此。如今棒球的大数据专家不仅可以计算出球员相较于其他人的相对表现，还声称能够测量每个球员为队伍获胜增加的概率。通过更巧妙的统计，一些分析师试着计算球员为队伍增加的利润——球员的附加价值。球员的附加价值与他们的工资作比较结果如何？一位分析师计算了 300 多名大联盟球员的收入和附加价值，几乎 1/4 的球员在某个特定的年份赚的比他们为队伍增加的经济价值多。

这些幸运的棒球运动员或许可以根据签署的多年合同，收获高于自身份额的附加报酬。但这不可能发生在业务组合中，合同束缚了这种情况。然而，如果合作关系中价值分配不当，组合注定失败。我们会立刻回到这种情况。

如何决定价值分享

理解了基本概念和术语，现在就要考虑组合中决定价值分享的最重要因素，这种因素随着时间的推移缓慢出现。

- **组合的正式结构**：业务组合的结构决定如何在关系中和法庭上索取价值。然而这些结构是早期谈判的结果，随着时间的推移可能不稳定。它们还受到监管部门和其他约束条件的影响。
- **相对议价能力**：交易发生前后，相对议价能力决定如何在组合中捕获价值。议价能力有多种来源，包括正式结构之外的来源。价值捕获的动态和合作伙伴公开讨论的主题并不总是明确。
- **各方对共同价值的贡献**：根据各方的附加价值讨论如何分割共同收益是卓有成效的方法。在实践中，企业往往无法准确衡量应该如何分割，但是我们可以分析影响分割的因素。

由于上述三个因素，价值分享总是一个动态博弈过程。每个因素都很重要，但是其重要性随时而变，财富和结果可能会发生出人意料的反转。

再次考虑石油行业。古本江组合石油公司和石油国家资产的战略包含了卡特尔，卡特尔限制了参与者之间的竞争。直到第二次世界大战后的数十年，这种结构都是稳定的。当阿美石油公司（阿美石油公司之后变成了德士古和雪佛龙）发现了沙特阿拉伯的巨大石油储量，战前结构就发生了重大突破，这一发现致使沙特阿拉伯不得不寻找拥有更多资源的新的美国合作伙伴。沙特阿拉伯在埃克森和美孚中发现了这种资源。随着阿美石油公司的扩张，古本江的卡特尔就土崩瓦解了。实际上，沙特阿拉伯石油的发现重新调整了所有行业参与者可获得的选项，因此注定了卡特尔现有的合作关系。

此外，随着时间推移，生产国政府力量增长，一方面得益于西方对石油的需求不断增加，另一方面是因为石油国本身资源民族主义的兴起。促进石油国崛起的另一个因素，是石油生产技术的扩散，以及企业间为了获得石油储量越来越激烈的竞争。

因此，古本江组合中的收益分享方式发生了显著变化。首先，在石油消费国的默许下，石油国开始提高税收和使用费，石油消费国无法改变这个趋势。然后，政府利用它们的自然资源，增加在合资企业中的所有权，这往往会导致石油勘探和生产的彻底国有化。20 世纪 70 年代，当供需状况变得特别紧张、政治环境又十分契合时，石油输出国组织卡特尔成功提高了石油国的总价值。此后，供求权力的平衡几度变迁，随地区甚至产品的变化而变化。

为何价值分享一直变化

就刚才讨论的原因，很难准确地预测能够从组合中获得什么。更糟糕的是，这些收入往往随时而变，有时会以不可预测的方式发生改变。仅此而言，贸易、联盟和合并就非常不同。

价值分配的时机。三个组合模型中价值分享机制间最主要的差别在于分配的时机。因为任何组合的成功都不确定，时机问题影响谁承担执行的风险。简言之，在合并中，目标公司为其资产转移收到全额支付，并且通常结果中没有剩余利益。也就是说，由收购方承担所有风险——如果附加费超过平时的市场价值，那么收购方必须实现高于附加费的额外共同价值。许多合并失败是因为向目标公司的股东超额支付，换言之，过早支付的款项超过了创造的价值。

在联盟中，风险通过一种更加平衡的方式分担。共同价值无法实现的风险仍旧存在，但双方的收入——不仅仅是一方——取决于这一结果。典型的联盟支付机制确保了风险的分担。在合资企业中，利润明确地通过所有权股份分享；在许多契约联盟中，某一方的收入、使用费以及服务费是其他方收入和收益的一部分。在供应商联盟中，供应商的成功取决于买方的销售，反之亦然。大多数能被归类为贸易的安排同样有共同支出，即使贸易条款比联盟中的条款缺少灵活性。

当然，现实中业务组合依赖于所有这些机制。例如，在一些合并中，收购公司向目标公司的股东或有支付，或者以收购公司股份的形式支付给这些股东。在联盟中，有可能存在预先支付，预先支付能确定一方或另一方的回报。甚至将资产评估纳入合资企业也是一种预付款的来源，这很像是合并中的资产评估。

随着时间推移分享价值。价值分享随着时间推移而变化是惯例而非例外。因为这些交易往往涉及几种获取价值的渠道。通常，利润分配是联合业务发展的结果。也许某种产品种类卖得比另一种好，或者在某个地区的销售高于预期。如果各方从业务的每一部分获得不同收益，那最终利润分配也会有所不同。

在很长一段时间内，许多业务组合以 50/50 的对称比例，以及 70/30 和 30/70 的非对称比例分配利益。对于组合生存更重要的是协议中预期的利润分割分歧的可能性。以 50/50 开始的交易逐渐转向 70/30 一定会产生摩擦，如果双方不能处理失衡的结果，联盟很容易在该问题上产生裂痕。为此，可能需要重新定义价值分享的规则以产生更加平衡的结果，或者需要重新设定期望用于接受 70/30 的分割比例作为新标准。

图 5—1 描述了这种不平衡情况。在场景 1（虚线）中，价值分配接近计划（细实线）；从短期看，假设各方可以相互克制，互相迁就与妥协，年复一年这样的结果能维持联盟。在场景 2（点虚线）中，价值分配明显偏离计划。在此情况下，各方可能需要重新谈判以重新设定合作伙伴间的期望。在场景 2 新的利润分配情况下，合作伙伴 B 可能不再认为联盟具有吸引力。

收购中，价值变化的风险通常由收购方承担，因为目标公司已获全额支付。这种情况下，共同价值（粗实线）中的变化才是关键。

富士施乐，灵活性的大师。价值分享如何随时而变？为什么需要经常调整联盟来反映这种变化？其典型案例是施乐和富士胶片长期的合资企业。

富士施乐合资企业已经成立了 50 多年，是历史上美国和日本公司之间最成功的联盟。如今，富士施乐以超过 100 亿美元的收入成为施乐集团的主要合作伙伴。当施乐早期在美国市场岌岌可危时，富士施乐的资产和能力拯救了总公司——不是一次，而是两次。在 20 世纪 80 年代，富士施乐帮助施乐在机器设计与制造方面与日本竞争。后来在 21

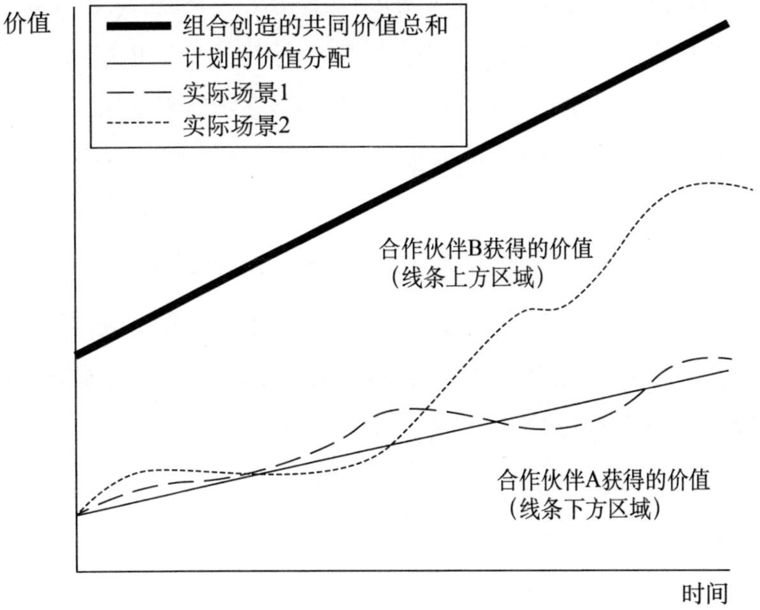

图 5—1　计划与实际的价值分享

在本图中，计划的价值分配使得合作伙伴 B 比合作伙伴 A 获得的更多。在实际场景 1 中，每一方获得的价值随着时间的推移而变化，但接近于计划，而在实际场景 2 中，分配似乎永久地脱离了计划。

世纪初，施乐将部分所有权套现以增加国内资本。在过去的数十年间，富士施乐提供了稳定的市场情报、采购选项以及成功的设计技术。

在合资企业成立之初，这种结果是完全不可预见的。那时施乐打算利用合资企业将日本作为美国制造的复印机的销售市场。从一开始，这个计划就以失败告终。事实证明，富士施乐迅速学会了设计和制造自己的机器并在日本销售，最终也在施乐的国内市场出售。合资企业使用了施乐的技术和品牌，富士施乐为其支付专利税。但随着富士施乐能力的增加，同时随着竞争对手逐步瓦解施乐在复印机和打印机市场原有的垄断，这些专利税本身也逐渐呈下降趋势。

因此，该合资企业在后期产生的共同价值大大超过了创始人的预期——具有完全不同的特征。同时，随着合资企业获得能力以及自身产品在市场上的成功，富士施乐在施乐集团内稳步获得力量。面对这种意想不到的结果，合作双方之间价值分享的安排不得不改变。实际上，只要合作关系具有未来利益，双方就会有修改协议的动机。

所以，它们这么做了。通常，每一个新的制造合同、专利税或者销售利润分配在正式条款制定前的几年内就已重新谈判完毕，专利税开始双向流动。随着施乐退出某些市场，合资企业获得了从原来日本的国内市场到负责大部分亚洲业务的诸多领域。最终，由于技术、品牌和销售的持续合作，施乐甚至将其在合资企业中50%股份的一半卖给了富士胶片。虽然施乐仍是重要股东，但已是一个小股东。

是什么使联盟保持团结？当然是关系价值，即第四章描述的“未来阴影”。在某种程度上，施乐仍旧可以从未来合作中获益，因为它们发现了重组交易的方法。但这与一些小型生物科技初创企业和大型医药合作伙伴间的成功联盟情况形成鲜明对比。在药物获得批准之后，剩下的就是在市场中销售产品。其中，一些联盟在法庭上争论如何分配战利品最终导致联盟结束。战争中的盟友也是如此，往往胜券在握时联盟就会破裂。

如何管理竞合关系

在如今最复杂的联盟内，决定价值分享的因素不像富士施乐案例中那样清晰，合作伙伴也不总像富士施乐总公司那样具有灵活性。最近，一个生物技术联盟的故事显示了核心理念是如何发展和运用的，即使结果不如富士施乐那样令人愉快。这个故事也解释了有时竞争是如何卷入合作中，以及企业领导者为何需要谨慎管理这种竞争合作。

医疗器械联盟的价值分享之争

波士顿科学是一家大型医疗设备公司，美帝诺是一家以色列小型工程初创企业，两家公司达成了十年制造和销售冠状动脉支架的交易。起初公司之间的资源组合似乎很不错。波士顿科学一直渴望进入支架这个利润丰厚的市场，即使努力开发技术未果。美帝诺开发了一项独特的技术，但是缺乏资金并且无法进入市场。

两家公司间的供应协议涵盖了许多常见的要点和一些特别的规定。例如，美帝诺和波士顿科学同意共同参与未来新一代支架的发展计划，包括交换开发和制造设备、共享知识产权，还可以有限制地访问另一方的办公场所。供应协议为从美帝诺转移到波士顿科学的中间产品（裸支架）制定了定价方案。该转让价格设定为波士顿科学所销售的完整支架系统价格的 30%。

其他规定与供应的安全性相关。例如，至少十年间美帝诺要成为波士顿科学支架的主要来源。为了履行上述义务，美帝诺同意在以色列建立两条生产线，波士顿科学为其提供资本。然而，在以色列有另一条生产线——被称作替代线——由波士顿科学出资，美帝诺的工程师将其安装在波士顿科学的设备上。如果美帝诺未能提供充足的供应，波士顿科学可以激活该生产线；反之，该设备将被封存。

两家公司就这样开始了联盟。但是，几乎是从一开始联盟关系就陷入紧张，最终两家公司分道扬镳。

利润分配。美帝诺和波士顿科学计划在一个固定公式下获利；在这种情况下，利润的分配主要由美帝诺制造的支架转让价格决定。此种成本分配当然不等同于利润分配。按现有数据粗略计算，每个支架美帝诺可获利 120 美元，而波士顿科学获利 98 美元。

这种分配共同价值的方式公平吗？通常，回答此类问题要参考市场中其他选项。但此处这种方法不管用。举例来说，如果波士顿科学在别处购买美帝诺类型的产品，那美帝诺将产品卖给谁？在这种情况下，没有其他潜在的供应商。反之，如果美帝诺和一个不同的商品合作伙伴合作会怎样？此外，美帝诺没有明显的替代品。换言之，这些独特的产品和服务没有基准。

对经济学家来说，美帝诺和波士顿科学面临的问题类似于经典的案例双边垄断——一个买家面对一个卖方。经济学家弗里德里克·谢尔勒认为“双边垄断理论是极度不确定的”。当单一买方面对单一卖方时，无论理论上还是实践中，想要理解如何设定价格和利润都极其困难。

依赖性。尽管早期有关于生产能力的协议，供应方面的挑战很快成为另一个冲突的来源。合作伙伴似乎在根据它们的协议条款处理对产品的强烈需求。然而，美国司法部发现了一些麻烦的事情，这属于不相关调查的一部分。美国司法部官员发现，在爱尔兰有另一个功能完善的支架制造工厂，波士顿科学故意对其合作伙伴甚至是自己公司的高管保密。

司法部官员总结道：“这个项目的目标是在爱尔兰建立一个美帝诺不知道的波士顿科学支架制造工厂。”实际上，这条隐藏的生产线与合同中允许的替代线（仍然封存着）极其相似。根据庭审记录，该秘密项目的目的在于运用逆向工程技术还原美帝诺支架的设计和制造过程。通过开发这种技术，波士顿科学能够声称下一代支架的知识产权属于自己。

当美帝诺得知这个项目后，即刻向美国法院起诉波士顿科学。据报道，美帝诺创始人科比·里克特说，美国公司希望“将美帝诺惊人的利润率握在自己手中”，并从这十年的供应协议中脱身。波士顿科学提起了反诉。在初步裁决后，两家公司达成庭外和解，波士顿科学向美帝诺支付 7.5 亿美元。

我们可能永远也无法得知波士顿科学和美帝诺案例背后的完整故事。但是它们合作关系的失败揭示了合作伙伴之间的竞争或者竞争合作如何影响合作风险与收益的各个方面。这种类型的竞争推动利益分享之争。所以，这值得我们去了解它的根源，并且如果可以，尽量避免这种情况。

竞合的变化

在硅谷的企业家创造竞合这个术语之时，它描述的是企业早期在研发和技术标准方面合作，然后在最终产品市场竞争的情况。在这种情况下，合作伙伴会在某个领域直接竞争，然而也会在另一个领域合作，或者至少会尝试这么做。这种竞争合作不会产生令人满意的结果。至少，这会约束竞争合作所能创造的共同价值。

竞争合作可以奏效——如果它是可控的。施乐和富士胶片的故事又是一个恰当的例子。这两家公司免费共享技术并在许多领域合作，但这仅仅是因为它们之间的竞争被领域许可合同严格限制。“好篱笆出好邻居”是它们的座右铭。另一家美日合资企业展示了一种相反的情况。霍尼韦尔和山武在制造和销售建筑控制元件方面有长期联盟，但合作伙伴之间直接竞争的管理全凭人际关系而不是严格的合同。后来，合作伙伴在利润丰厚的中国市场竞争，最终导致合作关系破裂。

因此，在这个经典版本的竞合摩擦中，当产品进入市场时就会产生冲突。在布兰登勃格和纳尔巴夫更复杂的竞合（这个词也是他们的书的标题）版本中，摩擦发生在任何供应商和买家之间的交叉区域，或者发生在作者所称的“互补者”中。因此，该术语可以描述共同价值的分享之争，也可以描述相互依赖的较量，就像发生在波士顿科学和美帝诺之间的那样。

利润、技术和控制之争。在支架的案例中，每个合作伙伴的回报与中间产品的转让价格紧密相关，转让价格很快成为合作伙伴之间的争论焦点。利润的激烈竞争并不罕见，尤其是在排他性联盟中。上述合作关系中蛋糕的总量不是固定的，所以蛋糕的划分也不是严格的零和博弈，零和博弈是指一方的收益来自另一方的损失。但在短期甚至是中期来看，利润分配似乎存在这种情况，特别是从狭义上定义合作关系时。

美帝诺和波士顿科学间实际利润的激烈竞争，得到了另一个潜在利润激烈竞争的回应。在快速变化的生物技术产业中，市场份额和市场力量与创新密切相关。最初，双方投资它们各自的研发项目，但当进行到一半的时候，它们认定美帝诺的项目更有前景。不过，竞赛并没有就此结束。联盟解体不久后，波士顿科学恢复了自己的项目，并在几个月内就找到了曾经难倒过它们的问题的解决方法。美帝诺声称解决方案直接来自其知识产权。

在高科技联盟中该行为模式并不鲜见。当技术优势是核心时，合作伙伴常常追求推动自己的技术发展，并保持或控制知识产权。在竞赛中领先的一方，对未来利润分配有明显影响。一个内部选项的可用性可以显著提高某一方在下一轮谈判中的议价能力。

医用支架联盟中的利益之争根本上以控制为中心，就像许多其他争夺一样。并非巧合的是，波士顿科学在爱尔兰的秘密活动的代号为“带来更好的交易”和“独立项目”，两个代号之间可互换。

在这种或其他情况下，控制的关键驱动因素是联盟内外部是否有替代品。通常，一方在组合中的议价能力随着它可获得的替代品数量而增加。通过提供退出路径、基准价格、让步上限、高风险交易的安全网等，这个“选择权”创造了谈判能力。在买卖谈判小组中，如果企业有这样的选择，谈判协议最好的替代品普遍将被改进。因此，组合中利润分享之争经常围绕创造这样的替代选项而展开。

前置竞合。合并是解决联盟合作伙伴间多种摩擦的途径之一。事实上，波士顿科学尝试了好几次收购美帝诺，但是双方没能就价格达成一致。

我们考虑一下这种合并的潜在优劣势。毫无疑问，合并将改变双方的关系。传统意义竞合中的直接竞争将受到抑制，或者至少会有一个共同的所有者来裁定分割间的剩余冲突。但从另一种意义上说，收购是替代选择中更冒险的行为，至少对收购公司是这样，原因在于价值分享机制。联盟中价值分享基于现收现付制基础。合并时，分享是前置的——一方（目标公司）在买卖交割时收到全部付款，另一方（收购公司）则获得所有剩余价值的权利。

因此，目标公司得到无风险的付款，收购公司则承担了实际究竟能创造多少共同价值的风险。不管何种原因，即使业务表现糟糕，目标公司都不会遭受损失，但是收购公司却直接因购买失败受损。这就是为什么大型合并案在一段时间之后，通常以收购方账面价值削减告终。在典型的联盟关系中，这样的结果不太可能。如果联盟中的共同努力获得成功，双方都有盈利机会，尽管它们可能会为了分享收益而讨价还价。如果共同努力失败了，它们会为损失而争论不休，但是不会预先保证任何一方有回报。风险在联盟中共享，并且在合并中风险大规模地从目标公司转移到收购公司。

合并会使得双方之间联合活动的治理更加紧密，特别是如果双方之间有竞争摩擦。这种严格的治理可能导致更大的共同价值，这就是经济学家在双边垄断情况下规定完全一体化的原因。但是，合并不是双方为了价值分享而争吵的借口，它只是改变了竞争的场所。如今，双方就未来现金流的现值，而不是实时的实际现金流和定期现金流展开竞争。

因此，一些有关联盟中价值如何分享的分析，也完全适用于收购时价值如何分享。在一定程度上，特殊优势或其他因素给联盟中的一方提供了优势，相同的因素也有可能给一方带来议价的优势。在联盟中，议价优势将转化为更大份额的价值。在合并中，议价优势影响收购价格——如果卖方有优势，收购价格就会提高；如果买方有优势，收购价格则会降低。

面对描述中的竞争合作前景，你该怎么做？遵循表格5—1中的步骤，以确保只在必要时混合合作与竞争，并在这样做时保持谨慎。

表 5—1　　掌控竞合

- 现实一点：什么是竞合。在企业计划合作关系的时候，时常没有诚实面对合作伙伴之间冲突的可能性。冲突是一个可理解的敏感话题。但是，首先需要在计划中解决冲突，然后与未来的合作伙伴对话。
- 小心一点：如果可以，避免竞合。极少有例外，与合作伙伴竞争对组合没有帮助。当竞争成本高时，最好避开合作伙伴或者甚至是联盟本身。
- 先发制人：如果可以，预先控制竞合。如果不能避免——也许是因为竞争环境使你别无选择——那么，可以尝试通过全面合并或资产互换预先控制竞合，实际上就是将所有竞争资产放在同一屋檐下。
- 聪明一点：如果不能避免，那就管理竞合。如果合并不成功——再强调一次，若无法避免与竞争对手形成组合——那么，尝试组织联盟使竞争最小化。例如，（合法的）领域边界可以使合作伙伴互相不进入对方的行业。
- 大胆一点：在特殊情况下，忽略以上建议直接投入。在某些情况下，竞争对手确实可能向着共同的目标合作，如加强基础设施和行业的生态系统。这种类型的竞合很难给予一方胜过另一方的优势，但有可能水涨船高。

合作伙伴定位如何影响价值分享

因为联盟中的价值分享受制于变化，所以合作伙伴经常试图影响这种变化的方向。你可以很容易想象到在排他性合作关系中，每一方都会试图操控情况以获得议价能力。

脆弱的排他性

微软和英特尔的 Wintel 合作历史充满了这种操控的例子。自 IBM 个人电脑推出开始，英特尔和微软就有着千丝万缕的关系。即使不是完全排他性的合作伙伴，它们也相互依赖。十年内合作关系开始产生巨大利润，这致使双方以“经典”的方式不择手段地谋取有利位置。

通过一系列举措，英特尔设法进入软件领域，并暗中威胁要避开一些微软操作系统赋予芯片制造商的功能。除了为微软开发芯片，英特尔也为其他操作系统开发芯片，主要是太阳微公司和之后的苹果公司。而微软也设法减少对主要合作伙伴英特尔的依赖。它为高级处理器开发了 Windows 版本，与英特尔在个人电脑领域竞争，还开发了在由英特尔竞争对手主导的移动设备上运行的特殊版本 Windows。

即使在利润丰厚的合作关系中，相互排他性也很少令人感到舒服，而且通常不稳定。玩具反斗城和亚马逊之间的官司证明了这一点。这两家零售商签订了十年的联盟合同，亚马逊可以出售玩具反斗城供应的玩具。几年内，双方之间开始出现裂痕。玩具反斗城控告亚马逊允许其他玩具商通过它的市场在其网站上售卖；玩具零售商起诉亚马逊违反合同中的排他性条款，合作因此结束。

虽然法院认为合同中对排他性的规定令人困惑，但是法官仍裁定亚马逊违反了该协议的本意。“在科技几乎每天都在进步的世界，很难保持长期的承诺”，新泽西高等法院玛格丽特·麦克维法官总结道，“排他性关系的构成，无论是对从事日常合作关系的个人，还是对企业都是挑战。”

麦克维的结论表明，在某种意义上，长期排他的承诺在企业经营中是非自然的：工业和技术的趋势必然会使其出现裂痕并颠覆它们。在高科技产业中，行业趋势发展迅速，十年的协议肯定会在到期之前破裂。即使发展较慢，排他性交易也可能瓦解。

有时，战略意图会导致排他性合作关系的结束。如果企业可以巧妙地重组联盟，从排他性联盟变成合作伙伴业务竞争的联盟，企业有望在组合不解体的情况下增加其创造价值的份额。这种微妙的重组是合作伙伴定位的战略之一：通过操控合作伙伴来影响群组中价值分享的途径。

苹果使用合作伙伴定位，通过 iPhone 服务获得了更多价值。在 iPhone 推出之前，苹果设法得到威瑞森的支持。但是，威瑞森拒绝承诺交付未经试验产品所需的网络投资。

美国电话电报公司（AT&T）因此获得机会：AT&T 不但欣然接受了苹果的请求，还与苹果结成排他性联盟。苹果—AT&T 联盟坚如磐石，部分由于 AT&T 需要进行的网络投资，毫无疑问也是因为 AT&T 每个新用户支付给苹果的高现金补贴。在联盟合同准备续约时，苹果手机已被证明是一个杀手级的产品，威瑞森和 T-Mobile 都排着队采用它。因此，对于电信运营商，苹果能保持稳固的议价地位，保证电信运营商在向用户销售苹果产品时获得持续的产品支付款项。

苹果也成功扩大了其 iPhone 手机硬件本身的供应商关系。起初，三星是苹果从闪速存储器和处理器到显示器等关键零件的主要供应商，三星还没有以任何有效的方式进入智能手机业务，所以没有直接与苹果竞争。当三星加入迅速扩大的由谷歌推出的安卓手机世界后，情况开始改变。三星很快在智能手机方面取得进展，几年后，三星在市场份额、创新方面成为了苹果的主要对手，就像在法庭上经常见面的老盟友。

苹果和三星均声称，在选定的组件方面它们仍然是良好的合作伙伴，这是对从前硅谷竞争合作声言的附和。在这种转变中，苹果努力尝试并逐渐成功减少对三星的依赖，在夏普和其他中国企业中，寻找存储器和显示屏的替代供应商。但是，三星依然是苹果高端显示器和处理器的主要来源，其部分原因是两家公司间的长期技术关系和大量投资。

纵观这些情节，苹果一直关注着重混的三大法则。苹果不得不继续支持创造共同价值需要的合作伙伴——完全疏远它们没有好处，苹果必须与它们保持工作关系。与三星的诉讼以及与 AT&T 的摩擦，威胁着苹果与这些公司的关系，但是强大的共同利益使它们团结在一起。最后，苹果发挥了特长，并且试着改进特长，确保它将获得丰厚的回报。为此苹果明确管理自己的定位和合作伙伴在组合中的定位。

英特尔：合作伙伴定位的大师

在过去几十年中，英特尔一直是合作伙伴定位的大师。我们都知道英特尔是如何主导微处理器业务的，但是其对联盟战略的影响也值得格外关注。英特尔成功地将其在合作伙伴网络中的地位从依赖地位转换到主导地位。行业状况和动态帮助它实现了这种转换，但这一举动很大程度上是由英特尔自身的战略驱动的。

让我们回顾一些背景信息。在个人电脑推出的时候，IBM 称英特尔将其微处理器的设计权特许给了许多主要的半导体制造商，也特许给了 IBM。因此，英特尔与这些被许可方共同竞争同一个买方 IBM。在这种格局中，英特尔无法从自己与 IBM 和微软联盟创造的价值中获取更多份额，即使生产线增长迅速。虽然英特尔作为芯片制造商拥有芯片的设计权，但据估计英特尔仅获得 IBM 微处理器销售收入和利润的 30%。

对英特尔来说，幸运的一是行业发展迅猛，二是一代微处理器的许可交易不会自动延期到下一代。当第二代英特尔芯片面市，英特尔有目的地将被许可方数量减少到四家，同时发起了被称为“将军”的大力度市场促销活动。毫无疑问，英特尔知道在联盟合作关系的棋盘上，正在发生的事情现在应该被抹去。英特尔将尝试重新定位棋子，以获得与合作伙伴的议价能力。

这是一个有风险的行为。但产业已经演化到买方一侧有更多竞争的状态，这对英特尔而言特别有利。IBM 个人电脑推出后不久，康柏成功逆向仿制了 IBM 的系统，康柏利用英特尔设计的芯片和微软操作系统，学习如何让个人电脑像 IBM 机器那样工作。康柏的举措引发了 IBM 个人电脑复制品的激增，从前一枝独秀的局面正在转变，IBM 面临激烈竞争。

随着复制品的兴起，英特尔获得了议价能力，从而使它可以拒绝将下一代芯片许可给其他独立制造商。现在，英特尔单独控制着生产和定价，每个芯片的平均售价增至三倍，其他的情况众所周知，不再赘述。英特尔保持了一代又一代芯片的主导和唯一地位，实现了其利润和市场价值的双增长。

图 5—2 给出了英特尔地位变化的情况。图中显示了组合中一方的选项布局如何影响双方的相对议价能力。假设

公司 A（圆形）需要资源（正方形）。A 公司决定与公司 B（用黑色正方形表示资源）建立联盟或者收购公司 B。然而，资源也可以在内部获得（白色正方形）、来自与另一家公司的二次交易（用深灰色正方形表示资源），或者来自与其他公司的潜在交易（浅灰色正方形）。公司 A 的上述选择越多，在与公司 B 分享价值时的议价地位就越高。在收购中，议价能力将会影响交易价格；在联盟中，价值分享安排也将受到影响。

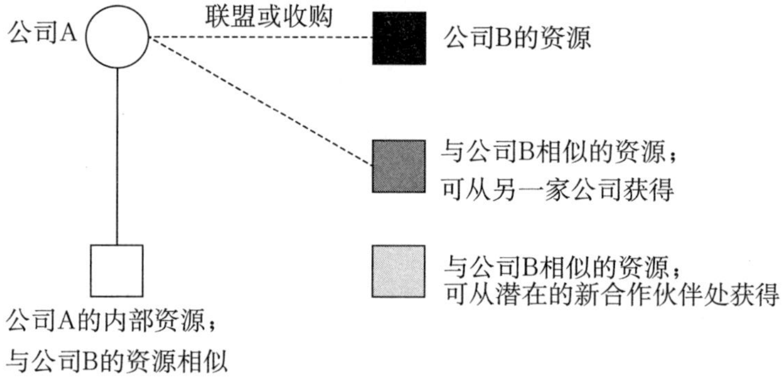

图 5—2　组合中的合作伙伴定位

在最初几年里，英特尔在与 IBM 的联盟中占据公司 B 的位置，IBM 占据公司 A 的位置。在之后的几年里局势扭转，英特尔变成了公司 A，IBM 变成了公司 B。IBM 和英特尔的利润也是这样的情况——起初英特尔的利润低，但之后高了很多。

总之，替代另一方贡献的选择越多，议价能力就越高，因而能获得的价值就越多。相应地，他人贡献的可复制性越强，议价能力就越高，因而能获得的价值越多。相反，在组合中的可复制性越强，盈利能力就越低。

合作伙伴定位的限制

恰如一个行业的发展能够摧毁排他性交易的基础一样，行业发展也能限制像英特尔这样谋求战略的选择。英特尔从依赖性地位到主导地位的转变虽然对很多战略家具有吸引力，但这一般不太可能或者需要额外的技巧。

两个关键因素使得英特尔的转变成为可能。第一，其他行业的参与者根据它们自己的利益，打破了 IBM 在行业堆栈中买方一侧的垄断。复制品的出现至关重要，无疑是英特尔促使了这一情况的发生。但是，复制品的出现不仅仅是因为英特尔的行动，重要的是微软也促使了复制品的出现，因为微软保留了向 IBM 之外的第三方销售操作系统的权利。

第二，英特尔拥有技术和改变连续几代微处理器条款的法律能力。增加连续快速的上述几代微处理器，这种能力使得英特尔在不违约的情况下改变分享共同价值的规则。许可交易并不总是以这种方式构造。事实上，微处理器行业本身从这种经历中吸取教训。通常，后进入者为了鼓励采用新企业的技术，不得不允许多代的授权许可。

英国 ARM 公司可能正在受到这种后果的困扰。该公司受到技术投资者的青睐，因为其产品是大多数智能手机的核心。ARM 也是英特尔的重要竞争对手，其芯片运行功率更低——是移动设备的理想功率，超越了传统个人电脑。ARM 公司挑战芯片行业巨头的能力是公司的荣耀，事实上，公司在技术发展和经营战略方面确实获得巨大成功。众所周知，英特尔并不是一个容易超越的目标，很多企业多年来都未能撼动它的地位。

但是，相比英特尔，ARM 公司在获取其所创造的利润份额方面却不太成功，部分是因为这家英国公司还没有找到类似于英特尔的转换合作关系定位的途径。ARM 也开始通过二级资源战略鼓励设备制造商采用其芯片。实际上在该战略中，ARM 胜过英特尔，ARM 很快就拥有了超过 400 家的被许可方。此外，很多被许可方不仅有持续多代 ARM 产品的担保权，它们还有权在 ARM 体系结构的基础上设计自己的处理器。公司可能需要上述宽松的条款以迅速传播其技术，并成为移动设备的行业标准。

ARM 公司的困境是安卓操作系统历史的回响，许多 ARM 的移动设备运行于安卓操作系统。为了进入苹果主导的市场，谷歌不得不放弃这个软件体系结构。实际上，安卓设备未向谷歌支付软件使用费的策略非常成功：安卓设备市场火爆，随后很快成为市场中份额最大的移动设备代表。众所周知，安卓设备制造商之间竞争激烈，谷歌迄今未能凭借主导产品进入移动设备市场。

谷歌明显打算从其操作系统的激增中获利，而不是直接收取使用费。但秘密已经泄露，经典的英特尔翻转不可能出现在这个阶段。相反，谷歌可能希望从安卓提供的其他产品中获利，比如搜索服务、地图服务和其他数据服务。

从相邻产品或连接产品中获利并非必然。十年前，太阳微系统公司运用诸如赠送 Java 语言软件这样的战略使其 Java 软件无处不在。像谷歌一样，太阳微系统公司一直负责软件的设计许可，但是该公司允许其他公司以原软件为基础做改进，并不要求使用费作为回报。因此，如今 Java 语言牢牢嵌入在 30 亿台设备中——从电脑和智能手机到自动提款机和停车计时器。但是，太阳微系统公司对此没有赚一分钱。甲骨文收购太阳微系统公司后，有人说新业主可能会寻找从他们对 Java 设计的所有权中获取价值的方法。不过，并没有出现新战略。因此，甲骨文、谷歌和 ARM 在改变合作关系中的定位方面受到限制。

管理价值分享的途径

本章中的依据和论证证实了第三法则的重要性不亚于前两条。无法获得足够的价值分享，就没有企业会参与业务组合，可以这么说，这是底线。但是，第三法则由另外两条产生；必须有足够的共同价值总量，这样，每一方才能分配到足够的投资回报。我们已经知道，共同价值的总量取决于有效的共同治理。

管理这些联合力量的诀窍，在于平衡竞争和合作。从根本上，业务组合总是包含管理竞争。通常，管理者和律师不愿意以这种方式设计组合，以免违反反垄断法条例。因此，企业经常过度期望良性的合作，却不得不直面竞争的摩擦。同样，我们还听到误导性的宣称：合作伙伴像竞合一样，在没有降低合作或竞争的同时参与合作和竞争。

为了冷静有效地管理竞争与合作，首先准确标记竞争合作发生在哪里——在组合中还是在组合与外部竞争对手之间。组合中企业最终取得的价值，取决于两个层面的竞争过程，如图 5—3 所示。组合与其外部竞争者（横轴）之间的竞争，决定组合创造的共同价值总量——即蛋糕的大小。企业与其合作伙伴（纵轴）之间的议价，影响能获得的蛋糕大小。为了理解和管理价值分享关系，请密切关注这两个过程。你能获得的最终价值，就是这两个过程的产物。有时，获得更大蛋糕的较小份额，比起获得更小蛋糕的较大份额是更好的回报。

为了评估这两股力量如何影响收益，第一，要认识到共同价值是在与外界竞争中创造的，这就意味着合作伙伴必须联合起来对抗组合外的竞争对手。就像重混第一、二法则预测的那样，没有承诺和治理良好的组合，根本没有价值可分享。价值如何分享将影响各方愿意投入到组合中的精力和投资。

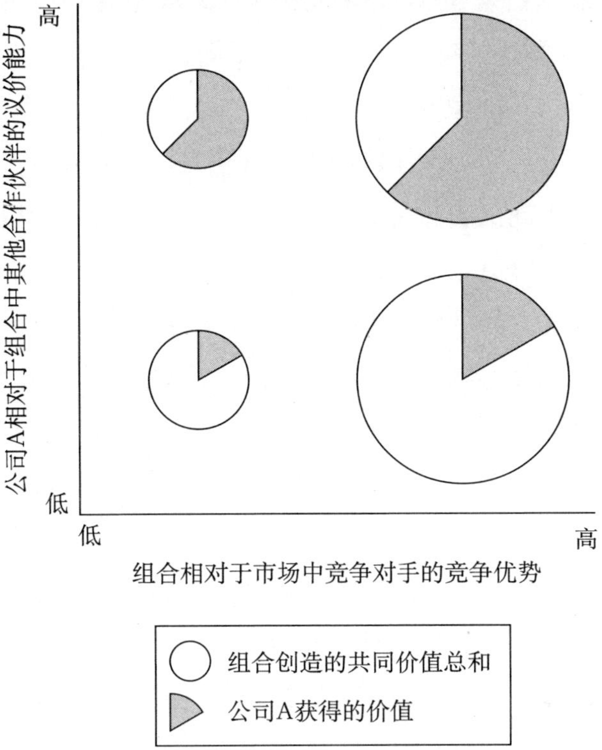

图 5—3　如何在组合中获取价值的决定因素

第二，理解各方的组合替代选项是如何塑造组合中的议价能力。为此，需要探究彼此的竞争模式以及竞争的激烈程度。为了揭开这些模式，需问以下问题：

● 你与合作伙伴企业（你有意与该企业共同创造价值）之间存在多少竞争？直接竞争在这里会带来麻烦，因为它会降低合作、共同治理和宽容程度。你可能会发现，在这样的条件下达成一个稳定的价值分享协议很困难，但更重要的可能是价值创造战略的成本，该战略是组合的根本。表 5—1 中的建议有助于达成这种平衡。

● 你与其他像你这样的企业之间存在多少竞争？它们是否也可以与你的合作伙伴组合（还是已经组合了）？竞争在这里产生商品替代品，合作伙伴企业可以利用其推动对自己有利的价值分享方式。

● 你的合作伙伴与其他像它这样的企业之间存在多少竞争？它们是否也可以与你的企业组合（还是已经组合了）？当然，这是之前问题的镜像，但是值得把它提出来。在这里竞争赋予选择权，你可选择朝对自己有利的方向移动价值。

最后，整个行业的外部趋势会影响组合内的竞争模式。例如，为你或你的合作伙伴创建更多组合方案。我们已经知道，行业中参与者的数量是如何随着时间的推移而增长，从而可能影响合作伙伴定位。例如，当外部趋势赋予一方或其他方新的替代品，排他性协议往往会破裂。在某种程度上，内部合作伙伴定位被迫要了解外部模式的动态，否则组合有可能打破。

* * *

正如我们看到的，业务组合可以塑造行业竞争模式。在微处理器行业，宽松的许可方创造了大量的竞争者。因此，激烈的竞争使得这些许可方想要获得足够的利润份额变得困难。

如今业务组合正在通过不同的方式重塑竞争行为，并有了不同的成果。就像约瑟夫·熊彼特预言的那样，一个新的组合可以冲击一个行业，并挑战其余公司的日常事务。通常，竞争对手企业不得不建立自己新的组合来应对威胁。不知不觉中，行业充斥着合并、收购和联盟，这看起来像是一时的流行。但是，转型是真实的，群体与群体的竞争已经开始。

如何在这个新世界中生存和发展？你需要洞察力和此前已给出的工具，以及本书第三部分将提供的更多工具。

第三部分

重混战略改变竞争方式

REMIX

STRATEGY

The Three Laws of
Business Combinations

用迄今为止我们所谈论的方法将资产进行重混，新的竞争单元就会形成。在19世纪，早期的业务组合促使受规模效应和范围效应驱动的现代企业的诞生。之后，相同的进程导致商业托拉斯以及卡特尔逐渐统治市场。在过往十年中，重混促使了联盟企业群体的产生，在第二章中已简单介绍过群集。在许多产业中，竞争已经变成了群体与群体的竞争，而不是单个企业间的竞争。

在这个群体与群体竞争的世界中，重混的三大法则依然有效，甚至可以在更大规模中运作。在一个群组内部，每一个联盟或组合都必须履行法则。进一步讲，作为整体的群体必须创造共同价值，必须有效治理，也必须通过对成员有益的方式分享价值。在下一章中，我们将解释如何将这些法则应用到上述新型竞争群组中。

最后一章将说明本书对于提出战略核心问题的全新观点的思考。我坚信，理解重混战略将有助于使用不同的思考方式，并能做出更好的战略决策。

第六章

在多方合作群体中应用三大法则

了解了重混的三大法则，将会发现整个世界变得焕然一新，我们在任何地方都能看见重混的身影，这不是幻觉。你可能已经拥有一些业务关系，但还需要更多。许多业务的竞争已经逐渐演化成群体与群体之间的斗争。想要在这个商业世界中取得成功，需要好好管理整个交易组合，而不仅仅是一个组合。

本章将阐述如何达到上述目的。管理多方合作伙伴群体比听起来更容易，也比听起来更难。更容易是因为已经较好掌握了的法则也同样适合于群体；更困难是因为，即使对最好的决策者和管理者来说，同时将上述法则应用于多项交易都是一项巨大挑战。

本章我们将以与第二部分相同的顺序讨论所有三大法则。首先，定义关键术语。之后依次观察共同价值在群体中如何实现、群体该如何治理，以及价值在群体中如何分享。正如第二部分一样，本章对相关管理工具的论述，也遵循从分析到实例的原则。

向群集间竞争的演化

经济学家并不都喜欢生动而丰富的隐喻，但由诺贝尔奖获得者罗纳德·科斯（Ronald Coase）所述的一个特别生动的隐喻在行业中却广为人知。在 1937 年的著名论文《企业的性质》（*The Nature of the Firm*）中，他告诉我们“公司就像无意识合作的大海中一个有意识的岛屿，又像一块黄油凝结在一桶酪乳里”。

可以说科斯发展了一种巩固公司形象的理论。但事实证明，现在企业本身很可能是错误的分析单元。企业资源基础论的创立者艾迪斯·潘罗斯（Edith Penrose）在 1959 年就对此有了预感：“在分析经济实力时，产业内的企业毫无疑问并非最相关的单元。”但是她推论，若根据能力群组定义企业，会产生模糊不清、无法理解的概念。

如今，你迫切地需要快速掌握“能力群组”这个隐喻的意思。第二章将这些群组定义为群集（constellation）——投资组合或合作伙伴网络——并且描述如何考虑它们的结构。正如本书反复提到的，如果不能理解和管理群集，就无法了解业务或管理业务以充分发挥其潜能。

我们可以在任何行业中发现公司群组之间竞争的例子：

● 苹果智能手机的成功依赖与供应商之间的关系，供应商提供关键组件，如处理器、存储器、屏幕等，还依赖与电信运营商、应用程序开发公司以及内容制造商的关系。

● 安卓在与苹果群组竞争时使用一种更加广泛的网络，该网络包括了多样的完整手机供应商（苹果将这部分的供应商留给了自己）以及一个开源软件的联盟。

● 航空公司依赖与本区域外的其他航空公司建立的合作及营销关系，还依赖于星空联盟、寰宇一家以及天合联盟这样的组织来管理关键群组。

● 波音和空中客车都依赖一个巨大的供应商网络，该网络中供应商提供主要的组件以及子系统（如汽车公司所做的那样）。同时，空中客车本身就是一个多家欧洲公司的联盟。

● 可口可乐和百事依赖一个巨大的灌装厂网络，灌装厂负责进行包装并运输产品，两家公司利用所有权和长期合同，鼓励灌装厂执行各自的营销战略。

● 制药公司依赖与大学以及生物技术新兴企业联合研究。这个行业中的多数大型企业将大量资源用于管理合作伙伴组合并吸引新成员加入。

● 石油公司依赖外部各方公司，从钻井到运输、精炼和销售。当英国石油公司和其分包商在争执谁该为 2010 年墨西哥湾漏油事件负责时，可以清楚明白地看到这点。

● Zara、耐克和其他许多时尚行业的领导品牌公司，都依赖多数城市中商店的快速响应以及优质生产，并且渐渐地承担起为这些商店制定劳动标准的责任。

这样的例子不胜枚举。上述情况中的成功依赖资源、战略以及对整个群体的治理。你需要利用三大法则来管理合作伙伴群集。现在我们将会看到第二部分陈述的概念如何拓展到这一章的新内容中。

何为群集

简言之，群集就是将公司群体通过联盟的方式联系在一起。正如我们所见，联盟很难被具体定义，因为联盟的形式有多种，划分联盟的界线也很模糊。尽管如此，一些理论和事例有助于我们聚焦在联盟的本质特点上。

如第四章所述，联盟是一种组织机制，它利用共享控制来管理独立参与方之间的不完全合同，并且通过关系价值来维持联盟生存。这种定义很拗口，但是定义中的每一个要素都非常重要。

现在，我们需要提高分析要求，因为群集通常包含多个联盟。联盟是将所有企业结合在群集中的黏合剂（参见图 6—1）。由之前讨论可知，联盟的形式从松散到紧密，各种各样。如图 6—1 所示，群集中的某些企业之间可能存在联盟，另一些则没有。正如我使用的术语，群集不会要求所有的企业相互连接或者属于一个共同的组织。上述所有的可能性有助于决定群集是如何构建和治理的，但这些可能性都是变量，而不是我们定义中的先决条件。图中标出了六个企业，但实际上一个群集中可能仅包括两三个企业，也可以包括数以万计的企业。再次说明，企业的数量也是变量，而不是概念的定义性特征。

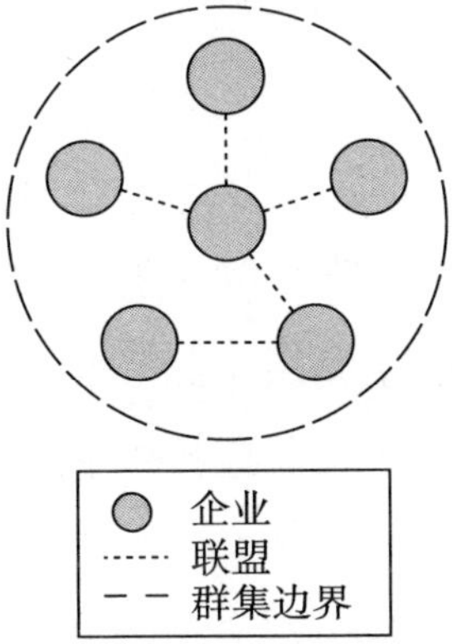

图 6—1　群集的构成

群集和生态系统

群集的定义与詹姆斯·摩尔所引入的商业生态系统的定义有所不同。作为如今经常使用的术语，生态系统指代更广泛、关系更松散的参与者的集合，并不是本书所讨论的群集概念。商业生态系统包含所有供应商和买方，以及其他能提供互补产品和服务的企业。比如，一款新型智能手机需要安装应用程序、辅助程序以及在线服务，它们可以使手机潜能得到充分发挥。上述辅助程序和服务构成了这款新型手机的生态系统。从更广泛的角度看，所有智能手机都得益于全国范围内先进的电信服务，这些服务也是整个智能手机行业生态系统的一部分。

生态系统的隐喻意义非凡，它可以使管理更加有效。理解生态系统概念本身并不会提供可用于思考系统中企业之间具体组织关系的方法。在实践中，仅仅招募新成员加入生态系统不会保证群体成功。实际上这些企业通常根本就不是一个群体，而是一些具有共性和最小组织联系的独立实体的集合。在一个典型的生态系统中，许多企业只是靠简单贸易交易来相互关联，而不是靠联盟或者合并，因为群集是一组通过具体联盟连接的企业。在本章中我们将看到，群集有创造并且分享价值的办法。想要利用三大法则来创造价值，我们不能仅将群集看作企业的松散集合。

当思考一个群组该如何与另外一个群组竞争时，生态系统的概念也会变得更加有效。通常，分析家使用生态系统隐喻时不会强调群组之间的竞争，但现在这种竞争却实际存在。苹果手机群组与谷歌安卓群组之间的竞争涉及方方面面，包括硬件设计、应用程序、电信服务和价格。这种类型的竞争通过联盟或者业务组合来管理，合作伙伴从一个群体加入到另一个群体，群体在如何管理资产上展开竞争。本章将介绍群集如何使用这种机制相互竞争。

群集中的潜在共同价值

群集战略以创造可以产生群体协同效应的组织结构为

中心。反过来，这种协同来自群体成员间的自然互补性。成员们可能依赖相互的投入、市场份额以及标准，或是成为范围更广的系统的一部分，在这个系统中每个成员都有自己的角色。在第三章中，我们将市场、产业链、堆栈定义为反映商业系统中最为常见的互补类型的三种计划。重混中的共同价值，源于改进管理自然互补性的途径。

这同样适用于群集。联盟企业的群组或许会在商业系统中以不同形式出现，它们的目标也会不同——从市场中的横向合作，到价值链供应关系的纵向合作，再到将不同的要素整合到堆栈中。大多数群集由上述模式重混而成，但我们将其看成单纯的形式来分析它们。无论群集的目标是什么，它都需要进行自我组织从而获得组合的最大潜能。正如之前所说，创造共同价值的要求决定了群集该如何最好地治理。

下面，依次分析在由市场、价值链以及堆栈间互补性形成的各类群集中，共同价值是如何创造的。

占领并组合市场

一种常见的公司群集形式是横向的。这是因为在某种程度上成员也是竞争对手，并且在相同的共同市场或产业价值链的同个生产阶段运营。有时，成员在相同市场中出售相同产品；更为常见的是，它们在不同地域市场或技术利基市场出售相似产品。以航空公司为例，它们在同一个全球市场（或同一区域市场）中出售相同类型的旅游服务产品；以电脑公司为例，它们向不同利基市场的企业用户或家庭用户出售相似设备。上述横向群集根据第三章中讨论的简单横向组合原则创造共同价值，只是这种共同价值在这里取决于越来越多参与者的资产捆绑。

某种程度上横向群集总是包含对竞争的抑制，至少它“管理”了成员之间本该存在的竞争。这样的布局方式对整个社会有益吗？若不涉及福利分析，只要通过组合产生的共同价值超过了成员企业之间竞争产生的（轻微的）损失，那么，经济学家以及反垄断机构对此的答案是肯定的（请参阅专栏“对反竞争卡特尔的注解”）。

洞 见

对反竞争卡特尔的注解

当然，从反垄断的角度来说，横向群集是非常微妙的。在《竞争合作对手之间的反垄断指南》（*Antitrust Guidelines for Collaborations Among Competitors*）中，美国司法部确实承认“为了在现代市场中竞争，有时竞争者的确需要相互合作……这种合作不仅仅是良性的，而且更是有助于提升竞争力的”。然而，指南继续指出，某些协议很可能被裁定为“本身就是违法行为”，并很有可能会伤害到竞争，也产生不了促进竞争的收益。因此所有其他的协议也将在“合理原则下被审查，这就会又涉及对这些协议总体竞争效应的事实调查”。

我在这不是要指出哪些类型的横向群集违反了反垄断法规，这该由律师或权威机构评价。但是这有助于理解该问题，因为我对横向群集的定义并非建立在这个评价之上。非法卡特尔也可以被认为是一种横向群集，就像美国司法部对“有助于提升竞争力的合作”的设想一样。许多横向群集都处在灰色地带。潜在的经济逻辑对于管理者制定战略很重要。比如，一些航空公司群集获得了来自美国和欧洲当局的垄断豁免权，但同时还有一些群集没有这样的豁免权；通常，这种决定取决于群集是否可以在航线上增加竞争。

很难说只对竞争产生有害影响的横向群集可以用本书中讨论的方法创造价值。通过彻底减少竞争，这些卡特尔类型群集有减少产出并提升价格的倾向，不会产生如提高创新能力等益处。考虑一下主宰全球钾肥市场的两个群集（钾肥是一种有价值的农业肥料）。来自俄罗斯和白俄罗斯的生产商联合成一个群集，两个加拿大生产商加入了另一个群集。在这种情况下，生产商通过联合销售机构出售产品。随着这些群集协商产量，钾肥的价格从2000年初的每吨100美元上升到每吨400多美元。当俄罗斯的生产商威胁说要离开群集时，卡特尔结构开始瓦解，它这么做可能是为了惩罚涉嫌以低于协定价格出售产品的合作伙伴。

在这种钾肥横向群集和它们之间的合作中，不可能创造出新的共同价值。这些战略的主要“收益”是增加成员公司的市场影响力。因此，它们从全世界的农民那里攫取价值，同时非洲和亚洲的食物生产与消费可能会遭受高昂垄断价格的压力。我们希望通过这个案例给出警告。无法促进竞争利益的反竞争业务组合，不能被认为是在创造共同价值，它们只是重新分配了经济参与者之间的价值，这种行为通常损害社会福利。

横向群集中的共同价值可通过一系列过程实现。比如，群集成员可以分担成本，投资共同的基础设施，通过整合能力增加生产规模；在其他方面，从作为群体而增加的规模中节省费用或产生更大的投资，这些都是星空联盟的意图。星空联盟是美国一个包含了七家独立核电设施的群集（注意，不要与航空业的星空联盟混淆）。通过对这个群集的审查，美国司法部对星空联盟提出的如何通过分享人力、物力、设备、工具和专业知识协调计划以及经营活动的方式表示认同。司法部同时预测，在市场投入和市场产出方面的竞争很可能没有减少。结果表明“从某种程度上，拟议的合作活动可以提高效率从而降低成本，增加产出（如减少核反应堆的损耗从而减少停机时间），或是增强安全性，这种被推荐的行为会产生促进竞争效应”。

规模效益是有效的。但是，如果群集无法形成良好的组织来获取规模效益，规模效益也不会轻易实现。例如，由若干个中型企业组成的松散联盟形成的群集，往往很难获得规模效益收益。通常，若没有强有力的财政激励共同行动，群集成员在这样的组织结构下会对它们自己的采购和投资决定产生抵制。类似地，一般情况下在连接松散的成员中，群集能力很难合理化，也很难给每一个成员分配独特的角色。最后，要想获得规模优势，横向群集通常会追求更紧密的结构，比如由成员形成的合资企业，又如业主或者成员的部分合并。

横向群集的另一战略，就是在范围更广的产品和市场中分担共同成本。通常，这种战略由一个核心企业驱动。利用合作伙伴群集在多重地域市场或利基市场中运作，核心企业使其产品适应多方买家的要求。

康宁国际提供了一个很好的案例。在 20 世纪五六十年代，通过与本地合作伙伴建立合资企业，该公司进行海外扩张。通常，由本地合作伙伴管理全国或区域的传统玻璃制品工厂。康宁控制工厂的核心技术，也经常控制它们的品牌。在之后的几年里，康宁收购了许多合作伙伴，也出售若干部门来巩固上述分布广泛的工厂运作。与此同时，康宁开始与合作伙伴建立新的联盟（通常是合资企业），这些合作伙伴帮助康宁进入到多样的垂直市场——电视玻璃、光纤、实验室玻璃等。康宁自身牢牢控制玻璃制造核心技术，为其持续投资。在这种模式下，合作伙伴是各种领域的领军企业，业务也通常具有互补性，比如电视产业的三星公司以及电信产业的西门子公司。随着时间推移，康宁公司的这种战略进一步深化，不仅收购了更多的合作伙伴，还使自己处于对更广泛产品的绝对控制地位。

横向群集同样也可以产生有利于提升消费者利益的网络效应，即使是在群体增加的规模并不降低生产成本的情况下。在某种程度上，航空公司寻求美国或欧洲当局机构的反垄断豁免权，是受到潜在网络效应的激发。承运商认为，更为广泛更加完善的网络竞争，证明成员之间竞争的减少是正当的。

对于控制信用卡业务的横向群集来说，网络效应也至关重要。维萨卡和万事达卡创立于 20 世纪 60 年代，那时网络受到规模限制并被一家或少数银行所控制。最初受控于美国银行的维萨卡在早期就意识到，与更多成员银行合作可以扩大其信用卡发行商和供应商的网络。万事达卡则通过扩大成员银行数量仿效这一做法，这些群集战略建立在典型的网络效应基础之上。每个供应商的价值，将随着信用卡持有者数量的增长而上升；同时，每一个卖家持卡的价值，亦随着接受该卡的供应商数量增加而上升，而且大量的银行也有助于促进供应商以及消费者网络的增长。在过去大部分时间里（直到两家信用卡公司上市），维萨卡和万事达卡都处在各自银行成员群集的中心，万事达卡实际上也被其成员所拥有。

在另一个极端层面上，一些横向群集由相互之间没有明显联系的合作伙伴组成，至少一方的成功不依赖另一方。由大量制药公司维持的生物技术联盟组合提供了一个典型的案例。上述群集中的核心公司，通过寻求对多样化领域和多元化目标的投资来降低研发风险。正如金融投资组合一样，这里的核心理念是，通过不相关或无关的投资获得收益。

在非制药行业的研发过程中，这种模式也非常普遍。21 世纪前 10 年，每一个主要的石油公司都建立了多样化的再生能源研发联盟。它们的清洁能源项目范围从乙醇到太阳能、风能，并且包括多样的合作伙伴，如大学、国家实验室以及初创企业。在一些可替代能源中，典型的主要石油公司也会投入一些资金，如投资生物燃料的多样化原料。除了规避在这些不确定项目中的多样化风险，广泛的投资也增加了石油公司的未来选择。如果一条路行得通，且理由得当，则这条路就可以继续走下去，其他路就可关闭。因为合作伙伴的活动并非直接相关，为维持灵活性，这些群集的结构为典型的松散结构。核心企业一般以组合的形式管理合作伙伴，而与外围成员很少或根本不会做共同决策，也很少联系。

协调供应链

共同价值也可以产生于供应链中的企业组合，这是因为企业虽然不在同一个市场中销售，但是它们相互出售产品。第三章中讨论过两个参与方之间简单组合的案例。在许多产业中，买方和供应商紧密合作，或者投资于长期关系，这种情况使得它们从某种程度上表现得像一个群体。通常，这些群组围绕一个核心企业组织起来，并由核心企业管理——就像汽车生产链末端最后的装配工。（供应网络实际可以从任何角度形成，包括产业链中间的供应商。因此，前向链接和后向链接都可以是围绕企业的纵向群集的一部分，并且群集的形态都在旁观者眼中。）

这些纵向群集不包含核心企业的所有外部交易，只包括通过组合管理的交易活动，如第二章中所定义。想象一下，核心企业周围有大量企业，合作伙伴位于同心圆上。接近中心的合作伙伴是紧密联盟，离中心较远的是松散联盟。相互竞争的企业会因为群集边界的不同而产生差异。一些企业相对于它们的竞争对手会在内部做更多工作，对外部参与者的依赖有限；其他一些企业则会更多利用外部供应商和渠道，但即使这些外部联盟也不尽相同，这取决于核心企业是将外部参与者当成联盟伙伴，还是普通的供应商。

汽车制造商提供了所有这些方式的案例。传统上，底特律的汽车制造商在组织内部完成大部分汽车制造，后来它们将越来越多的组件以及子系统交给外部制造，而且每一部分通常都有多个相互竞争的供应商。但是，在把供应商当成销售商还是合作伙伴（第四章中讨论过区别）的问题上，它们存在很大差异。众所周知，丰田汽车将它的供应商当成家庭的一部分，通常还拥有它们公司的股份。克莱斯勒公司也遵循这个模式，执行亲密合作伙伴战略，以更有效地研发新产品。有趣的是，当戴姆勒收购克莱斯勒时，德国总公司用由多个成员严格管理的供应商关系取代了美国的合作伙伴关系。戴姆勒声称，与严格的供应商管理相比，与克莱斯勒的合作伙伴关系模式使得一些组件的成本增加了 1/3。

这段历史告诉我们，在供应商群集的最优范围问题上已经产生了很大争议。你应该拥有紧密的还是松散的供应商合作伙伴？或者你是否应当在组织内部做更多的工作？这些问题反映了与第四章相似的一个问题——组合中的治理应该是紧密的还是松散的？正如前文所述，答案视情况而定。决定如何最好地组织特定组合的诸多法则，也有助于决定纵向群集的范围。

群集设计必须平衡专业化和一体化。对一个群集来说，治理问题可以看作两种力量共同作用的结果——组件一体化的效益以及组件生产专业化的效益，如图 6—2 所示。

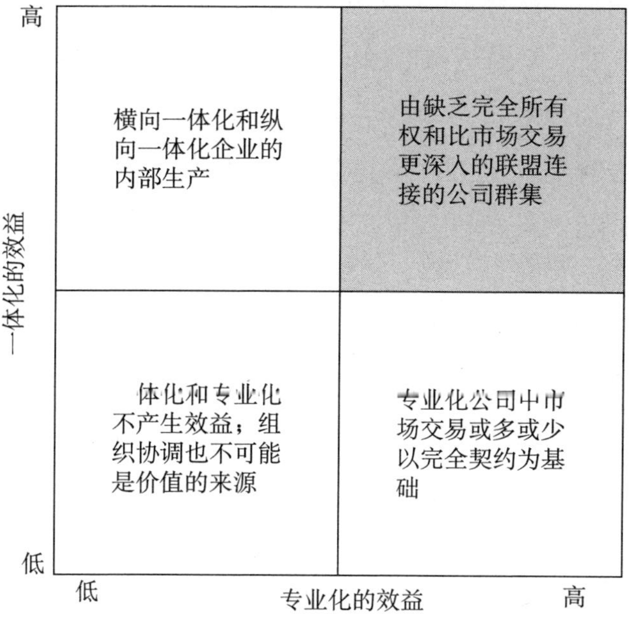

图 6—2　共同价值如何塑造群集

让我们首先考虑图中的横轴。亚当·斯密认为，专业化的收益部分来自于规模。众所周知，他认为劳动分工取决于市场范围。在小规模市场中，产品将小规模进行生产，并且生产商能从外包中获得的收益很少，因为外部各方自身缺乏规模来投资专业化的技能，而较大的市场则使得专业化成为可能。

通常，新的利基产业中的初创企业，相比完善产业中的成熟企业，不得不在内部做更多工作，其原因就在于此。与大型的成熟产业相比，利基产业中只有少数几个有效的外部生产商。在一定程度上，专业化和规模之间的关系解释了为什么特斯拉比通用汽车在企业内部生产更多组件。与此同时，特斯拉相信组件的紧密集成会带来收益，这是它在内部生产更多组件的另一个原因。从极端意义上讲，如果专业化对生产力很重要，而一体化不重要，那么单独的公司在相互交易中很少需要合作关系群集，更不用说一体化公司了。

图中的纵轴测量了组件一体化所带来的收益，特斯拉和很多初创企业认为这很重要。纵轴测量组件之间的匹配度、它们在运作中的兼容性、设计和生产每个组件需要计时的程度，或者与其他组件协调的程度。

上述一体化和专业化两种经济力量效益的平衡，将决定组织互补资源束的最佳方式。如单一组合一样，这些力量的根源是共同价值的来源。在一定条件下，合作伙伴群集可能是创造共同价值的最优途径，尤其在一体化和专业化都提供优势时（图中的灰色象限）。其他时候，一体化公司是较好的选择（左上方象限），或者相互进行交易的独立专业化公司也是不错的选择（右下方象限）。当一体化和专业化都不能带来效益时，组织资产束的方式可能对价值创造没有太大作用（左下方象限）。

波音公司在梦幻客机 787 项目中，从亲身经历的经验教训中明白了什么是一体化效益。正如之前所说，当波音公司开始着手设计这款复杂的新型飞机时，公司决定将比以往更多的生产外包给供应商。但该项目延误，波音也遭受了数十亿美元的损失。波音公司早期发现的部分问题是，协调供应商的工作远比计划中的多。起初，一部分供应商会达到要求，即使与其他供应商之间配合得不是很默契。到后来，供应商在投资、扩大生产规模、解决问题方面都放慢了脚步。波音公司的组织解决方案是，与关键供应商发展更亲密的合作关系，为它们投资、共享员工、带来更多的内部生产。根据图 6—2，波音公司起初是在矩阵的下半部分运行，然后发现许多关键操作不得不移到上半部分：要么使它们一体化（左上）；要么与专业化公司形成紧密群集（右上）。

再举另一个例子。如果一体化效益高但专业化效益低，可以期望企业在组件方面依赖内部操作（图 6—2 的左上方象限）。这就是苹果公司严格控制用于所有产品线的软件和硬件背后的部分基本原理。苹果公司认为，要向顾客提供无缝衔接的、简洁的、精致的使用体验，公司需要控制系统中所有关键部分的设计。苹果公司仍然外包了一些关键组件的生产，如芯片和屏幕，甚至是最后的组装过程，因为在这些阶段专业化可以带来巨大的利益。但即使这样，苹果公司还是会与其群集中的制造商伙伴保持紧密关系。

产业演变改变了这种平衡。通常，纵向群集的形态随着产业的演变而变化。市场扩张有助于增加专业化空间，并帮助企业从内部生产模式转向供应商群集。一个产业的成熟同样会有这种总体影响，部分是因为它鼓励专业化，部分是因为组件的集成方式越来越标准化，这种标准化会导致模块化。凭借模块化，专家们可以专注于不同的模块或子系统，而不用太关注其他模块中的设计选择。模块间成熟且标准化的接口，确保子系统组装在一起。

如前所述，产业演变已经在计算机行业、汽车行业以及制药行业中发生。数十年前，制药企业更多地在内部完成研发、测试和生产工作。生物科技公司的出现，促使它们和大型制药公司之间联盟和许可的兴起。此外，制药巨头尝试将临床试验工作、药品生产甚至销售工作外包。在不同情况下，需要关注的是大规模专业化企业在工作中发展并使用标准方法。

但是，产业并不总是从紧密群集转变成松散群集。以可口可乐和百事为例，它们传统上依赖独立的灌装厂包装和分销它们的饮料。尽管在过去的十年，这两大饮料巨头通过买断灌装利益，取得对产业价值链中该阶段的严格控制。灌装厂和总公司之间更好的一体化，是可口可乐和百事乐见其成的。实际上，一体化战略在市场大行其道。传媒公司也在某些领域，如在经销商和内容制造商之间，朝着更大程度的一体化方向发展。康卡斯特收购 NBC 就是一个例子。随着工作室联盟的产生，Hulu 视频网站诞生了。在这些案例中，更大程度的一体化创造共同价值。

塑造和发展生态系统

在堆栈中的企业群集或多或少可以自发形成，或者由一个或多个企业的自觉行为形成。这类自发合作是詹姆斯·摩尔提出的商业生态系统概念的变体。更进一步继续生物学类比，自然中的生态系统通常是自然创造。自然生态系统可能由一个重要的自然事件塑造，如气候条件或岛屿的形成。但是，在生态系统中共同进化的不同物种不会真的有集体行为，或者也不会分享共同目标和决策。

另一方面，商业生态系统总是由目标意识、计划、企业的行为塑造而成。如上述例子所述，它们之间或多或少可能需要协调。当需要协调时，一个明确的群集可以充当商业生态系统的组织脚手架角色。企业之间的联系可以激发生态系统的成长，塑造如何治理共同决策，决定价值如何在成员中分配。

可以使用以下三种战略来建造组织脚手架：（1）创建平台；（2）协调合作；（3）整合系统。在不同程度的计划和自发协调的驱动下，这三种战略导致堆栈中不同类型群集的形成。

为其他业务创建平台。一个自发且功能强大的商业生态系统可以从核心公司创造的平台中发展起来。利用这种方式，苹果和之后的谷歌公司，通过为独立应用程序制造商创造核心技术和创造共同市场，为移动应用程序“摆好了餐具”。业务因此自然而然地迅速增长；新的应用程序、创意内容、程序设计工具、分配机制以及其他组成部分迅猛发展。参与者网络应运而生，但这只会发生在核心企业为这种增长建造了脚手架之后。另一个类似的故事是关于音乐产业如何兴起于 20 世纪初。在那个年代，录音技术的发展催生了作曲家、作词家、音乐家和歌手自发生态系统的出现。

此种平台发展的条件包括：共性技术的存在，共性技术在多用途和多市场中有应用前景，有可随时获得的技术许可权，以及买方与卖方之间连接和交换价值的结构化方法。从本书探讨的组合战略角度看，上述这些条件只是最低要求，也只是暗指一个松散群集。苹果和谷歌主要通过塑造开发商使用的平台，管理它们的应用程序开发商群集。

在业务中直接协调合作。苹果和谷歌的每一个移动平台，本身也是公司间明确管理的合作成果。通常，这种合作关系的精心管理称为协调合作。协调合作并非易事。一家名叫乐土的以色列新兴企业，尝试在电动车领域进行协调合作。该公司在特定位置拥有电池更换站网络体系，其业务计划是为司机提供电池租赁，司机会在这些电池更换站换掉耗尽的电池，换上充满电的电池。但是，想要运作该模式，该公司不得不设计相互兼容的电池、汽车和电池更换站。为此乐土与日产汽车签订合同，设计并制造出一种与乐土公司技术兼容的全电动汽车。

该计划需要复杂的协调，并且在首次实施时计划并没有成功。尽管风险投资家会完成巨大的投资，但是，推出这些网络的高额成本，超过了该新兴企业的能力所及。与此同时，也许是因为石油价格的下降削弱了电动汽车的吸引力，以致日产汽车在以色列的销售很不理想。乐土公司申请破产，新资产所有者计划将模式调整到较小规模。

苹果公司在群集内协调合作时，由于一些不同原因也遇到问题。苹果公司因其在组织和领导群集时涉嫌非法目标而被告上法庭。法院认为，五家大型出版商"为了提高电子书价格而相互合谋消除了零售价格竞争，苹果在促进和实施这场共谋中发挥了核心作用。没有苹果在这项共谋中的协调，它也不会成功"。（本书出版时此案仍在上诉中。）

该诉讼的公开记录告诉我们，一个核心企业是如何在一个群集中协调合作的。我们在这里引用这个案件并不是想倡导协调的目标，而是对一种组织机制的示例。协调一个群集的参与者实现促进竞争的目标或是达成其他有益的结果，就像苹果使用的那样，涉及宣传、谈判、创新性合同设计、谨慎使用议价能力、战术等多种方式组合。管弦乐队可以跟随指挥演奏美妙的音乐或刺耳的音乐，但是指挥者的工具和技巧都是相似的。

将其他企业的组件装配到最终的系统中。平台战略和协调战略都是间接塑造群集成员间合作的途径。对一个企业来说更为直接的战略，是组装堆栈中其他合作伙伴的产品和服务，并且把整个系统出售给顾客。除了组件制造企业没有对系统中的装配程序进行投入以外，这种战略看上去像是垂直整合或者纵向群集。实际上，群体中的企业共同将产品出售给最终客户，其中一家企业会在协调各组件的匹配度时起领导作用。

该模式是复杂工程项目的惯用方法，在这种模式中总承包商组织分包商工作，分包商负责它们各自的子系统。随着新技术的出现和不断上升的能源成本，建设“智能”建筑、系统网络和城市的竞争与日俱增。IBM、思科和江森自控（Johnson Controls）都推出了各种产品来提供这些服务，这些服务都需要企业将自身的产品与其他企业的产品相互结合。这些企业无法仅靠自己的产品竞争，它们需要组建企业群集，群集中的企业在最终系统中发挥互补作用。

群集治理

就如刚刚所见，群集战略旨在创造网络价值——重混第一法则的扩展。想要在群集战略中取得成功，企业需要知道网络价值从何而来，也需要知道哪些资产需要组合。显然，这些步骤不会奇迹般地创造共同价值。根据第二法则，群体的资源需要有效治理。当有多个合作伙伴参与其中时，治理自然不再是一件简单的事。我们基于先前的概念，处理群集治理的挑战。

群集谱

和单独业务组合的关系谱一样，群集的众多形态和形式，也可以按照由松到紧的顺序在同一个谱上显示。第二章中讨论过的两个维度，不仅可用于企业间关系，也可以应用到作为整体的群集间（见图 6—3）。

图 6—3 中的纵轴表示对群集持续时间的测量。但是与单一组合不同，当一个合作伙伴离开时群集不会解散，因此我们需要修正持续时间的概念。在多方合作伙伴情况下，我们将纵轴看作群集结构的稳定性——低层次结构变化频繁，高层次结构随时间推移变得更加稳定。和之前讨论双方联盟时一样，横轴表示成员共同决策的程度。沿着横轴和纵轴，我们可以排列各种形式的群集。和之前一样这些

位置不是一成不变的，但是可以用来解释可选项的范围。用于描述相似类型群集的术语其实大不相同，尽管图中所示的这些术语都是普遍使用的。

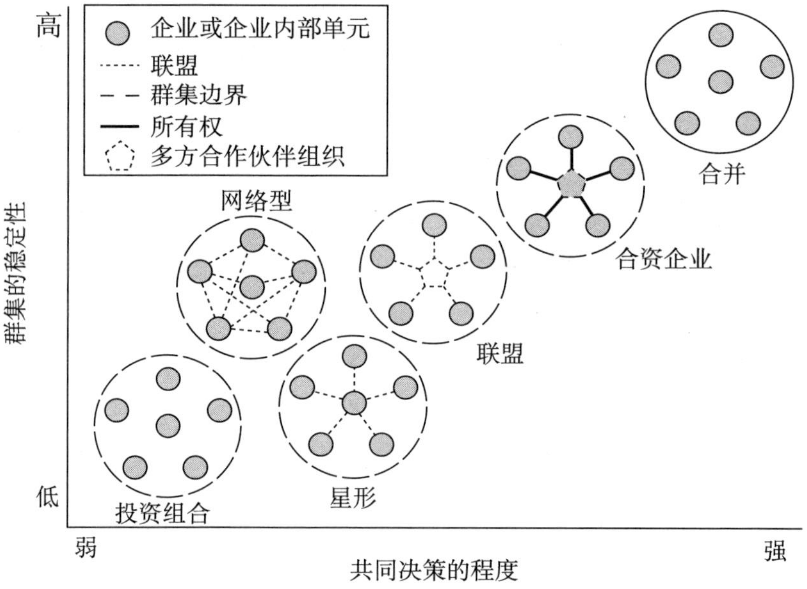

图 6—3　群集谱

正如所见，群集形式不同主要是由于它们的内部结构不同，表现为企业之间联盟的方式不同和内部联系的本质不同。图 6—3 左下方的群集，在共同决策制定的结构方面最松散，与第二章关系谱中的贸易关系类似。右上方的群集是最为紧密的共同决策结构，就像之前看到的合并关系。

与单独组合相比，我们在群集方面经验较少，所以对使用的术语感到困惑很正常。我们将通过案例的形式解释图中每一条术语的含义。通过更好地了解每条术语的逻辑，你可以修正这些术语并应用于思考任何行业或企业。

经典的联盟组合案例就是制药公司组合。通常，这些群集包括一个或多个大型公司与许多小型生物技术初创企业共同工作。一个联盟内的管理决策通常与其他联盟内的决策没有关联。事实上，一家涉及两个相同或相关治疗领域联盟的企业，不会将其中一个联盟的研究进程告诉另一个联盟。从这个意义上来说，组合成员构成了一个松散群集，即使它们是核心企业的联盟伙伴。群集中的成员互相帮助在市场中展开竞争，但是它们的战略决策是最小化整合的。大多数时候，这些决策可能会受制于共同的资源约束。例如，一家核心企业不得不将有限的资金分配给几个联盟伙伴。

这种松散的制药公司组合存在一个重要的例外，即一家核心企业为了研发药物而维持几个联盟，这种药物需要互补的组成部分。比如，一种具有独特传送机制或一种特殊诊断试剂的复合物。此时，联盟内部的产品开发决策，很可能依赖于另一个联盟的决策。与外部企业相连接的核心企业，可能会在独立的交易中引导合作。

联盟之间这样的协调是图中星形和网络型群集的标志，也是这两种群集右方群集的标志。可以这么说，这两种形式是众多方式中的理想情况，即群集内企业可以通过双边合作关系相互连接。所有联盟可能与一个核心企业相连接

（星形结构），或者群集中的大多数（或所有）参与者中存在单独的联盟（网络型结构）。当然，也存在重混的形式，重混形式中有一个核心企业，外围企业之间也有一些直接联系（图中没有显示这种重混形式）。

供应链经常采取星形或网络型的群集形式。在最低程度上，供应链中的一级供应商通过与核心企业的联盟相互连接。比如，波音公司是星形网络中的核心企业，星形网络中包括各种飞机子系统和主要组件的制造商。其中一些供应商也会相互连接，并且很多供应商都是与二级供应商组成的星形网络中的核心企业，这些二级供应商不与波音公司直接相连。

空中客车直接与波音竞争，但是它必须塑造不同的群集设计。实际上，它说明了波音公司星形网络群集谱中更进一步的两种形式。这家欧洲飞机制造商从起初的联盟结构演变成如今多方参与的合资企业。起初的联盟叫做空中客车公司，由德国、法国、英国、西班牙以及荷兰国家航空公司组成。每个联盟成员制造某些飞机部件和子系统，然后一个中心实体负责协调设计、最终组装和销售空中客车飞机。因为这个中心组织不是一个企业，所以联盟不同于图中经典的网络型结构。在空中客车的案例中，所有的联盟安排都遵循合同，因此在财务方面，中心单元本身更多的是一个传递实体，它不会获取利益也不会积累股本，并且每个供应商通过转让定价获得利润分享。因此，中心单元的权利受到限制，就像它在统一群集合作伙伴的决策和利益中的作用一样。

其他联盟式的结构也可能存在。在计算机产业中，标准制定联盟帮助成员协调设计方案，但是联盟不实际生产或销售产品。企业和大学间的研发联盟，帮助成员共享信息和协调研发。在这两种情况下，成员可能共享联盟活动中形成的知识产权，或者也存在如何使用协调结果的其他规则。正如这些案例所示，联盟可以是松散组织。与多方联盟相比，在具有强大核心企业的星形网络中，往往会制定更多的共同决策。

对空中客车而言，在面对来自波音和麦道公司星形网络的竞争时，事实证明协调机制过于松散。这两家美国公司合并后的几年，欧洲人将空中客车业务合并成一个多方合作伙伴的合资企业，即欧洲航空防务及航天公司。该合资企业位于群集的中心，负责开发、制造和销售空客飞机。通过复杂的股权结构，法国政府与法国和西班牙企业集团拥有合资公司股权的一部分，就像戴姆勒所做的一样，剩下的股权公开交易。(在那之后，戴姆勒剥离了股权。)

空中客车没有演变成图 6—3 右上方的完全合并模式，但它可能会达到那种状态。概念上全面合并是图中结构形式进展的自然延伸。但合并是所有情况下的理想形式，也不一定是管理群集的最佳方式。一些群集可能在松散的结构下表现得更好，否则在最终整合为单一企业时会有障碍。

连续收购会导致多种业务的完全合并，这种成长战略众所周知，例如，通用电气、IBM 和思科。被收购企业通过不同方式整合到新公司大家庭，而整合方式取决于收购的作用。有时，除了群组是在同一个所有权下管理外，采用的方法模拟了这里讨论的群集概念。多年来 IBM 公司在多项业务中已经这么做了。它通过普华永道和思泉公司的核心收购发展全球服务业务；通过收购莲花开发公司的打包软件业务，以及通过收购一系列小型科技公司，发展自身的数据分析和移动业务。

沿着群集谱运动

这种群集的分类法，精练了企业组群的实际运作。回顾之前讨论过的三家主导航空公司群集——星空联盟、寰宇一家、天合联盟的复杂性。这里使用的术语都是联盟，联盟中一个中心组织通过合同联系协调成员的活动。此外，每个群集中的航空公司为了代码共享等，彼此之间也会存在双边联盟。在航空公司网络中，几对国家航空公司双双进行合并，如美国联合航空和大陆航空公司（星空联盟内），达美航空公司和西北航空公司（天合联盟内），美国航空公司和全美航空（寰宇一家内）。荷兰皇家航空公司和法国航空公司甚至跨越国界形成了一个虚拟合并，并保留了一些本地控制的元素。一些跨大西洋的联盟得到了美国和欧洲当局的反垄断豁免权，这使它们能够在特定航线上建立合资企业。

因此，航空公司群集就像所有复杂的商业群组一样，无法简单地定义为到底是哪一种结构类型的群集。在我们的定义中它们都是群集，因为成员企业通过联盟相互联系，并且在一定程度上作为一个群体来竞争。它们创造了共同治理系统，这个系统使它们能够共同或者至少以协调的方式做出决策。例如，中心组织帮助成员安排转接航班、共享里程计划、管理共有资产（如群集的全球品牌）。但是，每个成员企业大部分的战略决策，仍在单个企业的单独控制之下，或是通过双边合并或合资企业与其他特定成员相互协调。群集内的合并有利于巩固大部分网络内的决策制定。群集的治理系统是所有这些决策机制的总和。

航空公司群组朝着群集谱末端的合并方向演变。但是，其他群组则变得越来越松散、不紧密。例如，在制药行业，越来越多的研究、临床实验甚至销售都进行外包，或者与合作伙伴共同完成，而不是通过纵向一体化在公司内部完成。原则上，每外包一项操作就会朝着松散群集结构迈进一步。比起制药行业，这一趋势在计算机产业中表现得更明显，像 IBM 和惠普这样的大公司，越来越少地在组织内部进行活动，它们将制造、经营管理和服务都进行外包。这两家企业还建立了咨询部门，销售集成了多家公司硬件的解决方案，实际上就是在该业务中采取了比传统硬件业务松散的群集结构。从最近开放式创新的趋势可以预见，研究将更多地在松散群集内进行，而不会在处于严格控制下的大型企业内进行。

随着现有群体重组以获得竞争优势，沿着群集谱移动已很常见。从这一层面上看，朝收紧或放松群集治理的方向移动，与企业朝集中化或分散化其内部操作的方向移动并没有显著差别。这两类移动都是企业为了更好地重组能力和资源所做的努力，此处的能力既包括企业的内部能力，也包括群集的外部能力。

与新群体结构进行竞争

除了现有群集中的组织变化外，如果新的结构可以保证竞争优势，可以预期新群体将采用与当前群体不同的治理结构。实际上，市场中的挑战者经常采用松散群集结构，而且会组建比主导者群集更大的群集，这一趋势表现在很多方面。领先企业与二线企业相比对联盟没有太大的欲望，而二线企业则寻求从数量上获得优势去挑战领先企业。类似地，后进入者比先进入者更倾向于使用开放的技术战略，也许授权许可它们的技术可以更自由地获得市场份额。即使没有确立的领导者，创业型企业经常寻求多方合作伙伴，创建全新的产品或服务，或延伸它们有限的内部能力。

因此，一个拥有多个成员且结构相对松散的群集，通常是新竞争者组织战略的核心。谷歌和苹果在智能手机和平板电脑上的竞争，就是一个典型的案例。如前文所述，为了生产和销售 iPhone 和 iPad，苹果依靠一系列组件、电信业务和配套软件的合作伙伴。但是，苹果公司自己制造和销售所有的硬件设备，并且没有许可其他任何企业生产基于 iOS 操作系统的硬件。随着第一部 iPhone 手机的推出，苹果成为这一市场的先进入者，这使得苹果公司在应用程序数量上有了良好开端。这些极具创新特色的应用程序，在苹果公司自己的系统中广泛运行。

谷歌是后进入者。一开始它采用一种开放系统战略，广泛许可任何硬件供应商免费使用其操作系统，对供应商唯一的要求是，愿意生产在其操作系统中运行的产品。显然，谷歌位于安卓群集星形网络的中心，但同时群集中也包括安卓手机开发联盟内一个类似联盟的组织。在它问世之后的五年内，该多方合作伙伴联盟组织已涵盖 14 家电信提供商、23 家手机制造商、21 家半导体制造商、17 家软件公司、12 家系统集成商和帮助商业应用开发的咨询公司。当然，其中一些合作伙伴比另一些更具影响力：三星主导手机销售，ARM 和高通公司（Qualcomm）主导安卓手机的微处理器。摩托罗拉是安卓系统中一个有趣的合作伙伴——谷歌收购了该公司，却在不到两年时将摩托罗拉的手机业务出售给联想。总体而言，谷歌的群集比苹果的大很多，并且在很多方面组织和治理是松散的。

苹果的紧密群集和谷歌大而松散的群集间较量的结果是，安卓迅速抢占市场份额并在销量方面超过了苹果的 iOS

产品。但在这个行业中安卓制造商和谷歌本身，已经很难取得比苹果公司更多的收益，部分是因为大型群集导致了提供相似产品或服务的供应商间的大量竞争。这一结果并不罕见，也有助于抑制先进入者为了应对挑战者而扩大群集，以防削弱盈利能力。另一方面，当先进入者的业务停滞不前时，后进入者拥有的更大市场份额，很可能最终转化为更高的利润。20 年前，一个后进入群集（IBM PC 群集）成功挑战了苹果的个人电脑业务。这里，IBM PC 群集由 IBM、微软和英特尔组成。同样，由松下公司作为关键合作伙伴的 JVC 家用录像系统（VHS）群集，成功挑战了索尼的 Betamax 视频系统。显然，群集的形态影响战略结果：它可以推动市场准入和市场成长，有助于决定盈利能力，还可能会塑造某个业务的最终未来。

设计并管理群集

如前文所述，群集战略是一个相对较新的领域。一些先行者的经验会告诉我们什么可行什么不可行，实证研究也提出了一些成功的指导方针。表 6—1 中列出了最强有力的建议。例如，双方联盟的共同主题是，群集的设置必须使今后合作成为可能——联盟中需要有合适的成员，集体企业需要一种制定共同决策的方法。但是，群集领导者同样面对如何逐步建立群体决策：一个交易可能需要安排在另一个交易之前，或者一个成员会吸引另外一个成员。

表 6—1　设计和管理群集

群集战略

- **全球视野，本地收益**。群集必须创造共同价值，并且与每个成员分享价值。在实践中，每个成员必须以全球化视野预测收益，全球视野使群集中所有成员团结在一起。
- **正确地重混要素**。群集的目的是将完整系统所需的价值模块紧密联系在一起。

群集成员

- **有选择性的成员**。群集中的成员越多，保持它们在一起工作就越困难。较严格的准入标准有助于引发成员更强的承诺。一些群集在与群集规模问题作斗争，通常先是疯狂生长之后再削减。
- **成员规范**。如果群集确实有必要扩大，那么值得找寻组织相似成员需要遵循的共同规范的方法。
- **有限的内部竞争**。管理群集的挑战也会随着内部竞争的增加而增加。避免成员重复并不总是可能的，也不总是令人满意的，但内部竞争可以管理。

群集领导层

- **核心的领导层**。一人一票模式无法保障群集的有效运行。实际上，因为成员规模和在价值堆栈中的位置，一个或几个成员将会领导群集。
- **战略顺序和成长时机**。群集的形成不是一蹴而就的，它们逐渐成长。因此，应该将注意力放在成员增加的先后顺序上，一些成员会吸引其他成员。有时候竞争者群集的兴起将迫使某些成员加入。

群集中的价值分享

当企业联合起来作为群体去竞争时，它们将太多的精力消耗在争论彼此的利害上。大公司胜出了吗？它们是最接近客户的企业还是在运作中心的企业？是与其他企业联系得最紧密或最不紧密的企业？这些讨论持续进行。但事实证明，这些结构变量无关紧要。比起在群体中你坐在哪里和认识谁更为重要的是，你把什么放到了桌上。

在这里，我们需要跳出双方业务组合来延伸我们的框架。与简单组合中的价值分享一样，群集中的价值分享也是由议价过程驱动，并且与群集治理和创造共同价值的战略密切相关。

群体优势和成员优势

要知道价值是如何在群集中分享，先回过头看看在之前章节中提到的基本公式（见图 5—3）。一个给定企业的利润是组合利润总和的一部分。虽然计算公式会变得复杂一些，但是相同的公式适用于更大的多方合作伙伴网络。

群集共同价值来源于群体优势。这些优势取决于群集与竞争者群集和企业竞争时的有效性。如果我们设想在个行业部门中存在利润池，那么群集中的竞争决定了每个群体可以从利润池中获得的份额。这与经典产业分析中企业间的竞争行为没什么差异，只是这里的竞争对手是企业或是企业群集。

正如一个企业的竞争优势由战略和资源决定，群体优势则由群集中的资源、群集治理的程度以及群体战略塑造而成，且企业竞争优势伴随着群体优势。同时，当组合产生协同效应时，我们认为每一个成员又都为群体优势添砖加瓦。

群集创造的部分价值来源于群集中汇集的资源，如组合规模、市场覆盖范围和参与方的技术能力。这种价值的创造是重混组合第一法则的增强版。但只将资源汇聚在一起是不够的，正如第二法则所强调的，有效的治理对产生共同价值至关重要。群集需要统一的视野，必须有效管理内部竞争。同时，群体规模本身也是一个因素，在相同情况下，群体越大越难管理。只有群集能够组合治理并有效管理成员，群集才能从成员资源中获得竞争优势。

群体优势只是这个方程式的一部分，成员优势是另一部分。根据组合的第三法则，每个成员也必须获得共同价值中属于自己的份额。我们可以预见，群集中公司间的议价能力将决定每一个成员所能获得的总价值份额。群集中与其他互补型公司的竞争将提升你的议价能力。但是，与另一个成员的直接竞争会削弱议价能力。因此，和任何组合一样，每个成员的收入都取决于这个公司增加的资源价值。

群体中的合作伙伴定位

本书中的框架可以用来阐明一些术语，这些术语通常用于描述网络中不同成员扮演的角色。在《基石优势》（*The Keystone Advantage*）中，马可·伊恩斯蒂（Marco

Iansiti）和罗伊·莱维恩（Roy Levien）把成员区分为基石、地主和利基参与者。商业生态系统的提出者詹姆斯·摩尔认为，基石对环境有“锁喉”作用，地主则是通过绝对的统治地位获取价值，利基参与者发挥专业作用。不可否认的是，市场中经常能看到上述行为。这些行为实际上是我们一直讨论的基本力量的自然产物。在更广阔的视角下，我们将看到群体成员可能扮演更广泛的角色。

群集中给定成员获得的价值取决于两个维度——附加价值和内部竞争（见图 6—4）。从附加价值的角度看，堆栈中的一些组成部分在运作中必不可少；其他的则是可选择的。在个人电脑案例中，操作系统和微处理器必不可少。这就意味着英特尔和微软位于图中的上半部分。在那里它们可能会遇到瓶颈，但这也取决于与堆栈中供应商之间内部竞争的程度。

实际上，和上面讨论的一样，早期 IBM 迫使英特尔向几家制造商提供微处理器的设计许可。所以在微处理器之间确实存在内部竞争，并且英特尔处理器的设计方法以相对低的成本被广泛共享，某家供应商几乎没有机会可以排除其他供应商。如今极端的情况是，技术要被行业标准机构认可。苹果和三星就因为这个问题诉诸法庭，三星的一个特殊专利是否应该以较低的价格作为行业标准许可给苹果公司。

随着时间的推移，英特尔有能力移动位置，从左上方象限移动到右上方象限，并且在个人电脑群集中减少微处

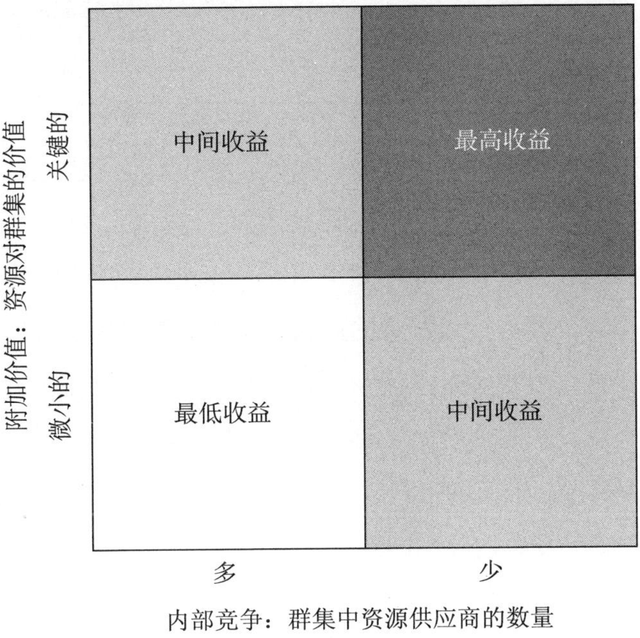

图 6—4 群集中的价值分享

理器的竞争。移动之后，其个人电脑业务的收入大幅增长，反映为市值的上升。相反，IBM 由于其平台被他人复制而收入下降，它朝着与英特尔相反的方向移动，从图中的右上方移动到了左上方。

位于图中下半部分的参与者如何？据我们所知，个人电脑群集的三位创始人都对堆栈非常关键，但许多应用程序却并非那么必不可少。群集成员很难按照为群体增加更多外部价值的成员所享受的比率来获得价值。在个人电脑世界，许多高价值领域有重要的利基应用，如计算机辅助设计。只要群集中没有太多这样的企业，这些组件的供应商就可以期望通过加入群集获得可观回报。如果供应商太多，这些应用就会变成俗气的商品——有也不错，却不值得注意。

如今，在智能手机领域，地图程序和 GPS 追踪被认为是利基应用，表面上看起来它们变得越来越重要，如图 6—4 所示正在向上移动。苹果公司发布的 iPhone 5 将谷歌地图从手机中移除，遭到了消费者的抗议，苹果才知道利基应用程序的重要性。智能手机世界里同样有许多参与者提供类似产品——从特殊的铃声到五金配件。这些产品的外部价值往往最低，但是没有它们供应商会因缺少多样性而失去业务。这些低价值、容易复制的应用程序占据图 6—4 中的左下方象限。

* * *

在所有产业中都有群集的身影，并且正在成为某些行业的常态。群集之间的竞争是一场棘手的比赛，比赛的逻辑取决于本书谈过的简单业务组合动态。随着组合中合作伙伴数量的增加，比赛变得更具挑战性。再强调一次，共同价值由协同效应创造，由共同治理管理，通过内部议价分配。但这三个步骤的每一步都比简单情况下更复杂。

在最后一章中，我们将会把书中提到的观点整合在一起，然后提供一些通用指南，这些指南有助于读者掌握属于自己的重混战略。

第七章

企业五大关键领域的决策转变

本书首先清晰地表述了如今许多企业面临的战略挑战：如何通过组合企业内外资源创造价值。现在你已拥有了一种全新的视角、一个整体框架和一组有效的工具和技术，可以利用它们来处理和应对这一战略挑战。但现在也面对一个更大的挑战——如何使重混战略成为日常商业考量的一部分。重混资产创造价值不是单独存在，因为它影响着企业的方方面面。

重混战略在五个关键领域影响决策：（1）企业战略；（2）竞争优势；（3）治理；（4）变革与创新；（5）投资回报率。本章将说明重混战略的核心原则如何在这五个领域做出更好的决策。每个核心原则会带来一些良好的管理实践，你可以将它们适应于自身的情况。

在开始阐述这些指南之前，先回顾一下本书的中心思想。如果这些中心思想已在脑中根深蒂固，你会马上明白这些中心思想的含义，并能开发自己的商业重混实践。因此，首先我们测验一下本章建议的思想基础。

核心思想

从来没有企业是完全从头开始，甚至所谓全新的想法通常诞生于旧的想法。新企业经常从旧企业中分离出来，在位者也通过重混和匹配内外部资源来转变它们的业务。

重混是创新和企业家精神的本质，同时它也能振兴成熟企业。通过巧妙组合内外部资源，可以展开新的业务或改变现有业务的核心。很多同行已经开始意识到，联盟和收购不再是填补生产线差异或在空白领域发展业务的策略。通过执行恰当的重混战略，能够创造新的价值，形成新的竞争优势，改变面对竞争者的方式。

以苹果的历史为例。史蒂夫·乔布斯曾在20世纪80年代创造了革命性的麦金塔电脑，其中的部分元素是从施乐研究人员处复制而来的（比尔·盖茨在创造Windows时，对苹果也是如此）。之后，当乔布斯重新创造苹果时，他组合了已有的科技和产品，创造了更具革命性的产品iPod，iPhone和iPad。事实上，这些新产品的全部元素，之前就都已存在于苹果公司的外部。例如，触摸屏技术在20世纪60年代就发明了，数字音乐播放器随处可见，电信业务几近完善，数字内容已经在网络上实现了共享。乔布斯很机智地重混搭配了上述诸多元素，当然，给它们赋予了属于苹果的独特设计感，并且创造了完全改变苹果的新商业模式。具体而言，苹果使用各种业务组合来实现这种重混：收购软件新兴企业，与组件供应商如三星、电信供应商如AT&T和威瑞森一起出售产品；广为成功的iTunes服务是依靠内容制作商，如电影公司、唱片公司及出版商联盟。最近，苹果收购了Beats进入流媒体，并与IBM一起将应用程序带入企业办公室。

这些资源的新组合能够创造如此之多的价值，值得我们认真思考。这就是本书开发重混战略路线图和许多实用工具的原因。重混的三大法则就是路线图。第一法则就是在资产捆绑中必须有创造共同价值的前景——众所周知的1＋1＝3。第二法则同样重要，没有它共同价值的前景将无法实现。它要求将组合后的资产进行有效治理，即1＋1＝1。第三法则或许最复杂，它要求在某种程度上分享共同价值，使得每一方的贡献都有价值。我们将这条法则形象化为1＋1＝1.4＋1.6，或者其他任何分数，只要加起来等于第一个法则中的3。

我用简单的术语来解释这三大法则，并且在这里再重复一次，因为在你前进时，需要将它们清楚地记在脑中。现在，看看这些方法如何在五个核心业务问题上做出更好的决策。五个原则来源于我刚刚大致构想的至关重要的事。

在每个原则之后有许多可以将这些想法付诸实践的指导方针。

关键领域一：战略

原则：资源组合间的竞争，而非企业间的竞争

为了做出正确的战略决策，首先要仔细定义哪个单元在竞争。单元设置目标，决定政策，整合资源，最终在市场上享受成功或遭受失败。从传统战略方法看，有两种方法来定义这个单元——在业务层或在整体的企业层。战略的范围和内容对业务单元和整个企业的影响是不同的。

在重混战略中，这两个单元都不是主焦点。相反，基本的分析单元是产生价值的资源组合，组合与其他组合竞争。一些组合胜过其他组合获得优势，是因为它们包含了合适的资源；另一些组合获得优势，是因为比起其他组合能够更好地管理它们的集体资源。

管理资产组合的组织很可能是一家企业。但是，有许多可以替代这种治理形式的选择，如由企业组成的不同形态和大小的群集，并以很多方式进行组织。就如我们所见，安卓群集与苹果的 iPhone 组合竞争，尽管两个群组是以截然不同的方式组织的。ARM 公司利用被许可方群集与英特尔竞争，更多的是在它自身的优势上竞争。在航空业，星

空联盟群集与其他群集竞争，但是每个群体的组织方法有些微差别，它们有时会与单独企业竞争，例如非联盟航空公司。很长一段时间内，可口可乐和百事也采用不同战略，可口可乐更多地依靠独立灌装厂，而百事自身拥有更多灌装厂。

在每个行业，我们可以发现竞争组合组织形式的多样性，这种视角的转变——从企业到资产组合——至关重要。这意味着企业和随之而来的组织选择在竞争方程中是变量，不是固定参数。以艾迪斯·潘罗斯的观点和她激发的思想流派看，企业是以协调的方式管理资源的组合。这样的资源束管理是成功的关键，但它们可能并不总能构成一家企业，它们也能以其他的形式出现。企业是一个资源集，但资源集并不一定是企业。

转变上述视角意味着管理资源集的方法成为竞争战略的工具。苹果在寻求与安卓的竞争中，是否应该更多或更少地向合作伙伴开放？航空企业群集是否应该促进更紧密的一体化、服务与品牌，或者更松散的安排？AMR 应该需要多少合作伙伴？可口可乐是否应该更多地投资于装瓶厂来与百事竞争？（它已经这么做了。）这些问题都是战略选择。

实践：思考联盟战略，而不是战略联盟

如果成功最终取决于组合，那么必须从将内外部资源

捆绑的全面战略开始，必须严格且详细地挖掘每个交易背后的逻辑——哪些资源正在组合？预期效果如何？有怎样的风险？交易需要成为每一方的战略功能，而不是其他方式。尽管这一步不言而喻，但是经常在匆忙混乱的交易过程中忽视了这一步。通常，就算是组合中高级别的参与者，也会更多地思考交易的结构，而不是驱动它的基本原理。

以一个大型农业企业为例，其管理人员对与小生物科技新兴企业联盟产生的研究成果感到高兴。他们最初的目的，是从这家新兴企业获取新技术。科学团队之间的关系不错，团队会探索并分享新信息，实验结果也很积极。这些都比管理人员在联盟建立初期预想的更好。但有一个小问题：企业中没有人准备好使用联盟开发的新技术，甚至有些人将新技术视为对现有业务的威胁。为什么？管理人员已经构建了一笔好的交易，但忽略了围绕交易更大的战略。

亚马逊和玩具反斗城的联盟提供了另一个例子。如前所述，亚马逊渴望进军玩具销售领域。与玩具反斗城进行交易是一个理想的进军路线。对于玩具反斗城而言，这也是大规模进入网络销售热潮的途径。但一场官司过后，联盟就出现了问题。亚马逊开始了欣欣向荣的玩具销售业务，但玩具反斗城却较早就放弃了自己的电子零售网站，所以没有退出策略。我们再次看到，交易掩盖了超越交易的战略，至少对玩具反斗城是如此。

这些例子表明，交易本身永远不是目的。但有时似乎并不如此，因为建立一个组合（交易）的工作需要关注、奉献和拥护，从谈判人员的“交易热”到管理者之间形成的特殊信任，交易受到太多交易本身操作的影响。随着管理者在培育不间断组合的兴旺中被指定为特殊角色，越来越多的职业也取决于此。然而，如果商业战略通过解散组合能更好地实现，那这一切的努力应该都是值得的。一个好的合作伙伴用眼泪、拥抱还有香槟来解散其关系，但并不是所有的联盟都如此幸运。

如何避免让交易取代战略？首先要明确表达终极目标，然后定义所有需要达到的政策和行动。组合可能存在于这些行动中，但它们也可能会随着更广泛的组织变化而变化。例如，其他没有直接参与组合的单元，可能需要暂时关闭竞争性项目，做好准备提供帮助，或者向外部观念敞开心扉。组合中上上下下、进进出出的管理者，可能需要持续了解交易的基本原理和过程。

最后，想要获得重混战略的成功，在签署协议之前就要在头脑中根据目标设计交易要素。你需要准备好组织来支持和利用你创造的组合。你必须理解合作伙伴的目标，反之亦然。而且需要牢记管理绩效与目标，而不是仅仅跟踪操作任务的完成情况。最后，你会想要利用企业的终极价值（请参阅专栏“再造你的基因”）来管理组合（和关系）的演变。

洞 见

再造你的基因

组合应该成为商业战略的基本部分，而不是事后想法或者特殊项目。从本质上讲，商业战略可以被定义为一组目标和功能性政策，这组目标和功能性政策可以共同塑造企业运用内部资源和外部资源在环境中定位自己的方法以及实现优秀绩效的方法。

该定义中“内部和外部”这个词组说明，越来越多的战略并不是只运用你所拥有的资源。遗憾的是，大部分常见的思维都轻视利用外部资源的想法。战略思维习惯上更多地关注内部资源，劝告企业要忠于它们的“基因”或者它们的“核心”，或者更简单地说，忠于它们的“原则”。将企业的基因定义为难以管理的文化规范强化了这种劝告，这使得试图改变核心看起来很鲁莽。

这种聚焦内部往往是一个错误。有时候，一个企业同时参与太多活动，远远超出了其能力。但当其他人在建造自动织布机时，你坚持手工编织不是一个好主意；那么是时候改变你的核心了。毕竟，渡渡鸟直至灭绝都忠于它的基因。

基因的确提供了另一个有益的、不抗拒改变的类比——基因再造工程。当然，在自然环境中，基因是通过有性繁殖和基因突变不断改进的。但是今天，生物技术企业也在利用重组技术创造新的药物，研究人员采集一个有机体的基因片段并将其嵌入另一个有机体内。同样，转基因种子在食物链中颇受争议，但是从某个种子中采集特定的基因片段并将它们嵌入到另一个种子的基因中，能够创造出新的能更好抵御疾病和干旱的植物，或者更高产的植物。基因重组的想法是再造核心业务的类比。

这样的再造至关重要。为了适应多变的竞争环境，如今大多数企业不得不向外扩张以挖掘外部资源。最近典型的例子包括制药业巨头向外学习生物技术专业知识，或者电脑硬件公司引进软件能力。难怪在这两个行业中联盟形成的速度如此之快。

向外延伸以寻求新的资源，对于企业追求在它们所熟知业务内竞争地位的提高也非常重要，这种业务变化得不是特别快。更好地管理供应链、横向群集以及生态系统的互补参与方，使得新企业或二流企业能够挑战行业领导者，或者帮助领导者变得更为成功。从这个意义上来说它们在改变它们的竞争基因。文化规范可能很难自己改变，但你可以重混用于竞争的资源，在这个过程中，甚至改变那些文化规范。这个创新的过程始于理解组合可获得的价值，然后为成功创造条件。

关键领域二：竞争优势

原则：正确的组合产生优势

如果拥有能够产生更好绩效的战略，就可以获得竞争优势。竞争优势有很多来源，例如，低成本运营或者强有力的品牌形象。如何创造这样的优势？传统战略思维认为，拥有资源并且参与活动，就能产生所寻求的优势。

重混战略对这种表述做出了新的解释。重混战略认为，可以从组合资源的方式中获得优势，包括自身不拥有的资源。在之前的章节中我们已经看到过如何实现这一点，但可能仍然觉得依靠外部资源会产生新问题。如果外部资源在战略中如此重要，对它们的依赖会不会抵消优于其他企业的潜在优势？毕竟企业和竞争对手都可能利用相同的外部资源。答案是否定的！仍然可以创造独特的优势，但必须合理利用企业的组合来创造优势。做个类比，画家运用常见的颜料，却能创作出独特的画作。

我们在这里讨论资源间匹配的方式塑造它们能够产生的共同价值。此外，组合治理的方式决定了是否能够实现潜在的共同价值或者约定的协同作用。这两个因素给了企业更多的空间，使得从组合中获得的优势有所不同，即使它们有相同的可获取的外部资源。

优势的来源——匹配。每个企业都有不同的内部资源集合，所以每个内部资源与给定的外部资源的匹配度也不同，这在收购中已是众所周知；某个收购企业比起其他收购企业也许能让目标企业赚的更多，这是因为目标企业与它的业务相适应。这样一个纯粹的组合优势更多地取决于组合了什么，较少地取决于组合如何治理。第三章解释了如何识别这些类型的匹配优势。

优势的来源——关系管理。企业获得外部资源也可能通过关系优势将自己同对手区别开来。关系优势是指治理和整合外部资源以获得最大价值的能力。在收购中，一些企业在后期整合管理方面拥有专长；在联盟中，一些企业因为它们的关系管理能力而被选择成为合作伙伴。第四章解释了有效的治理如何带来优势。

如何区分优势的来源是当前战略领域聚焦的难题。何时某个给定的资源——资产或者能力——产生企业的竞争优势？简言之，传统的观点是某些稀缺的珍贵的资源可以将企业与其他企业区别开来，例如，某些领域的一些具体品牌名、独特的资产和能力。但有时随着时间推移，这些核心资源或能力也可以被他人复制或开发。或者，这些关键资源的提供者可能攫取所有它们为企业生成的价值，留下所剩无几的残值。

最近一些学派主张，是企业内资源的独有组合而不是资源本身的特点，使得该企业区别于其他企业。例如，假设两个企业能够雇用同种类型的工程师和销售人员，拥有相同的资本和技术市场，并且能将产品销售给类似的买家。即便如此，这些企业在诸多方面还是不同，比如它们如何重混并且匹配这些投入，以及它们选择如何用特定的能力构建共同资产的深度等。因此，相同的资源对于一个企业来说，可能会产生特定的竞争优势，另一个企业则不会产生。

实践：认真做好尽职调查工作

如果重混战略第一重要的要素是设定目标，第二重要的则是选择正确的外部资源。这些资源来源于收购目标、潜在的合作伙伴、可能的供应商或者买家，或者互补型企业的集合，所有这些都取决于组合的形式。一个宽泛的标准应该影响你对合作伙伴的选择：与该企业或企业群体的组合是否真的能提供产生共同价值所需资源的可能性。不仅仅是外部参与方需要这些资源，同时组合需要提供获得这些资源的机会。合作伙伴可能正好拥有你所需要的，但是并不愿意进行交易。相反，渴望合作的伙伴可能拥有弱一些的资源。

对你而言，在选择业务合作伙伴和维持关系上需要灵敏的个人努力，但也会面对困难的分析、法律和管理工作。你需要搬开每块石头并提出尖锐的问题，这种爱挑剔的方式在私人领域中可能不够礼貌，但在生意场上这是好做法。

第四章提供了选择合作伙伴和构建合作关系的框架。以下是另一些做出正确匹配并签订生产合同的方法：

- **仔细评估合作伙伴的真实资源和能力**。评估可能包含了独立机构所做的外部分析。法律条款几乎不能避免合作伙伴不具有你认为它应该拥有某些资源和能力的情况发生。

- **探索合作伙伴替代品的选项**。参与多个谈判可能是冒风险的或者协议不允许的。但即使这样，也可以在内部分析中评估这些选择。缺少对替代品的严格评估，表明对合作伙伴调查不充分。

- **通过在交易法律条款中加入共同治理的具体机制来**

保护自己。个人风格、良好的目的和充满激情的团队是远远不够的。上述这些需要由明确的权利和义务划分、有效的沟通渠道和良好的升级流程来支持，以备不时之需。

- **信任你的合作伙伴，但仅在你组织了合作关系和建立了良好的管理实践之后**。信任本身并不可靠。你信任的人可能会离开，或者情况改变使得承诺的成本高昂。但你可以通过管理合作关系以确保良好的沟通、鼓励相互克制和互惠。

- **签署协议后，期望你的合作伙伴去追求它们的利益并利用它们的影响力**。它们自身的利益可能会驱使它们做一些意想不到的事，无论在建立关系的时候说了什么，之后你可能会惊喜于你的合作伙伴对你的宽容。但是，如果它们追求的是自己的战略利益，你也不应该感到惊讶。

最终，重要的商业合作伙伴会尊重你的尽职调查工作。你也应该对他们抱以期待。

这种分析方法对于“盲目爱综合征”是一种解药（请参阅专栏“融洽的人际关系会导致不明智的决策”）。但即使没有障碍物，尽职调查也不容易。你从来不知道对方的战略，出于同样的原因，你也不与他们分享你的全部战略。不过，这只意味着每一条对方的战略信息变得越来越重要。

作为一个重混战略的精明从业者，你可以提取这些信息并且构建设想来理解对方的战略。问问自己那些在实际谈判桌上看起来似乎不忠诚的问题，比如：合作伙伴之前与类似于你的合作伙伴合作时表现如何？他们还有什么其他的选择或者可以发展的选择？他们组织内部的哪个小团队可能影响支持或反对你们的关系？他们为什么并且真的想要和你的企业交易吗？他们为什么不与你的竞争对手交易呢？如此等等，不一而足。

以上这些问题很重要，求证使你对合作伙伴有充分的认识，反过来也使你能够谈判和管理更有成效的组合。

洞 见

融洽的人际关系会导致不明智的决策

化学反应是危险的。这里说的不是那种你在青少年时期用化学装置做的化学实验，而是那种使得成熟 CEO 相互吸引的化学反应。每当我听到两个 CEO 因为私交甚好就在某种程度上达成协议，我就深感不安。

一家大型研究机构直接体验了 CEO 间化学反应的危险性。当关键的联盟失败后，我听说了这个故事。故事的开始就已经不吉利了：因为一位来自医疗设备企业的科学家加入了研究机构，所以企业开始讨论并寻找共同点。没错，交易的想法就是这么出现的。但是在这个案例中，这是接下来深入交谈的主要原因，而与分析合作伙伴的替代品没有什么关系。

在这些讨论中，CEO 们的确很合得来。接下来，密锣紧鼓彼此访问对方总部，迅速制定交易细节。过去几年，研究机构承诺投资专项研究，该研究旨在开发需要与医疗设备企业产品线相结合的技术，该产品线也是医疗设备企业 CEO 最为重视的。

工作启动，投资到位……然而，医疗设备企业的 CEO 被取代了。CEO 离开的原因对于项目而言是不重要的和不相干的，但是新任 CEO 有不同想法，之前优先考虑的产品线被废弃。更糟糕的是，因为组织过于依赖领导者的个人承诺，所以合同中缺少关于赔偿或当放弃该产品时其他安排的内容。像这样“离婚”的可能不会发生在任何人身上——这对“夫妇”曾如此“相爱”。

我曾看到许多这个故事的变形。有时早恋不是问题，但是过于依赖爱情本身是问题。一家美国工业公司与日本合作伙伴合作得非常愉快，是因为关键性的联盟领导者在中间牵线搭桥。作为生活在日本的美国人，他为日本企业打开了美国的大门，消除了冲突并且平息了双方的怒火。他的成功使他在美国公司内得到了晋升，留下了没有专职的合作关系创始人的局面。再者，合作伙伴没有清楚明白的合约流程或组织过程去管理他们的关系，因为主要依靠某人非凡的个人魅力。几年后，随着太平洋两岸竞争压力的增加，合作伙伴发现他们自己在中国的新市场存在利益冲突，最终联盟解散。

关键领域三：治理

原则：治理重要的东西，即使你不拥有它

必须重视治理，如果搞砸了的话，监管机构和股东会提醒你。在常见的商业用语中，治理泛指使用企业资产的

决策方式。但我不将这个术语限制于董事会成员如何做出决策，更重要的是，我不把它限制在企业范围内。本书中，治理是指如何最好地管理资产组合以创造价值。这个重混战略中的关键问题不同于以往对治理的关注，因为资产组合往往包括不属于董事会常见范围内的资源。

重混战略有时需要资源的完全所有权。传统收购仍然是常见且有效地从新组合中产生价值的方法。但正如我们所见，有时收购不是重组资源的最好方法，它甚至不是一种实用的可行的合法的选择。那又是什么？组合不得不采取某种形式，这种形式达不到收购的程度，即使这种形式可能难以管理。（当然，有效地管理收购也具有挑战性。）联盟、群集和其他类型的外部合作关系，是企业如何重组资源的备选项。

对如何准确地重组资源应保持开放的心态，并由此拓展战略选择。如前面提到的，有太多的企业将自己限制在某些外部关系中，或者出于对失控的恐惧而完全回避。苹果的麦金塔电脑就是这样做的，排除了复制品或被许可方；但 IBM 的个人电脑凭借供应商群集接管了市场。这个教训有可能促使史蒂夫·乔布斯在 iTunes 和苹果移动设备推广中寻求合作伙伴。正如我们所见，谷歌仍在进一步采取这种广泛合作战略。

对成功至关重要的资源往往位于企业边界之外，所以企业治理不能停留在这些边界上。有关治理的一种狭隘的法律定义，可能会受限于企业拥有且控制的资产。但是，在市场中与成功相关的资产集，往往包括企业外部合作关系中的资产。因此，治理的经济学定义必须也注意到这些外部资产。当礼来公司的董事会支持管理人员投资联盟管理时，他们知道了这一点。如今有效的治理包括对企业伙伴关系、供应链和合资企业的治理。

组合的治理是组织战略，类似于企业需要的组织内部来实现战略目标的方法。企业内部大量的组织选择影响战略的成功。例如，根据企业战略和情况，你可能更倾向于通过集中化或分散化的方式管理内部资源；你可能会鼓励某些单元之间的紧密合作，每个单元都代表一种不同的资源组合；再者，你可能允许一些单元相互竞争，或者至少给不同的细分市场提供并行服务。

我们可能会认为，群集的治理仅仅是组织战略的扩展，但是这一点并不简单。群集的设计和治理特别复杂，涉及多重利益和单独利益。比起企业间的资源管理机制，企业内部的资源管理机制更好也更常见。内部治理依赖于官僚权力、激励和控制、规章和程序以及其他因素。但是，在契约和所有权重混的环境中，跨企业管理运用了所有这些工具。

再说一次，有关治理狭义的法律途径是不充分的（请参阅专栏“律师起草合同的重要性”）。

洞 见

律师起草合同的重要性

当你在陌生的地方旅行时，手握一张纸质地图或电子地图非常重要。但是两个方面的因素会限制它的价值。第一，道路或地标会被标注在错误的地方，甚至它们已经不存了还被标注在地图上。第二，地图上显示的可能与实际情况有差距——一些小路、路障和特征没有被标注出来。

治理组合的合同也是如此。毫无疑问，你需要有能力的律师来起草契约。然而，最成功且复杂的业务关系是由不完全合同所治理的，就如同第四章中讨论的一样。

律师普遍讨厌听到不完全合同这个词，尤其是在重混企业中，在他们的业界同行面前。合同不能覆盖所有突发事件是律师之间想要保守的一个不太光彩的小秘密。而且，不完全这个词听起来好像显得律师并没有全面关注细节。他们更喜欢其他术语，如无固定期限合同和不断演化的合同，尽管这些也可能表明了法律基础上的薄弱环节——可能不存在的薄弱环节。实际上，当面对竞争有办法修改条款时，合同是足够具有说服力的。

在商业关系中，合同显然表达了对合作伙伴预期的规律和行为模式。从一开始就存在差距。但是情况比这更糟——随着新的特征意外出现，范围不断变化。合同如何预见一种特殊新技术的诞生和某个合作伙伴正在改变战略？

对你而言在这样变化的领域内行进，唯一的方法就是行驶时保持警惕。从商业的角度来看，你需要将关系作为一个整体来管理，特别是在正式合同中存在差距的部分。在标注好的领域内，你可以依靠自动驾驶仪行驶；在其他地方，你需要实时了解周围的环境，当即做出反应，并且随时准备好为实现目标制定新计划。所以管理一段复杂的商业关系不只是执行和监管法律合同。

作为一名企业领导，必须首先塑造你想要的关系类型——你希望穿越的领域愿景，之后律师可以起草一份有助于管理这段关系中法律事务的合同。即便如此，还有许多内容要添加进协议和计划中，这些内容从来不会出现在书面合同中。

实践：请不要划分三大法则

从更多视角拓宽对交易者和管理者的认识才能形成有效的治理。他们常常关注收购、合并和联盟，却忽略了每一个组合背后组合资源的行为。这种狭隘的观点常常使管理者惯于固定的交易类型，而不是首先思考他们想要促进的行动和行为，因此更容易忽略最终目标。

最好遵循德怀特·艾森豪威尔的名言“光有计划无用，规划才是无价的”。军事战略中，计划总是在战争中被颠覆。名言还暗示，规划比特定解决方案更重要。评估目标、备选方案、顺序、流程等，使你立刻成为解决问题的高手。

对于业务组合而言，深入思考组合资源的逻辑性，比思考特定交易的最终形式重要得多。这种详细审查十分重要，因为复杂的交易很少能按计划完成。它们经常由于环境变化而重新谈判，从而改变艾森豪威尔所谓的“计划”。

遗憾的是，许多企业违背了这个逻辑。它们管理特殊类型的交易，而不去管理发现组合、评估组合、实施不同组合的过程。收购可能由合并和收购（并购）单元完成，并由专业投资银行提出建议。一些联盟由业务开发单元组成，其他则被认为由销售单元处理的渠道交易组成。供应联盟很可能由采购办公室管理，法律人员经常类似地按照交易类型进行具体划分。

在这样的组织中，早期按照交易类型（和单元）来追踪交易。与外部合作方组合资源的新机会，可能会过早地被标记为收购项目，然后计划就变成了收购，而不是尽可能通过最好的方式实现组合。当然，之后并购团队会接管，投资银行家会确保这个团队坚持目标（投资银行家通常为交易支付的费用少于收购）。

这样的方法使得交易类型在一个狭小空间内形成，因此很难确定组合的最佳结构。各种交易类型的专业单元，往往会分散企业的努力与智慧，而不是将它们整合起来。收购、联盟和简单交易都各自有其一席之地，经过没有偏见的权衡，就能最好地找到它们的位置。即使在与合作伙伴谈判时，交易的形态也可能发生变化。就像艾森豪威尔所说，最好关注自己想在组合中获得什么，而不是关注到底采用什么特殊方法去实现它。

在处理三大法则方方面面时，有意识的协调必不可少，并且有很多执行这种协调的有效途径。一些企业共同筛选所有交易；其他企业将交易决策指派给一个单元，不管交易的类型是什么。在另一些企业中，多个单元由理事会和流程协调。无论如何，要提防交易设计陷入过于狭窄的决策者圈子。

如果想要规划议程表，请参考表 7—1。重混三大法则中的每一条，都利用了不同的学科，并包含不同管理单元职责的决策。若要成功管理重混战略，组织必须找到整合上述不同思维方式的方法。你可以改变表格中的内容，以帮助组织流程成功管理重混战略。

表 7—1　一起思考重混战略

重混法则	通常由哪些单元负责？	哪种战略和活动与之相关？	可以使用哪种决策标准？	哪些学科和功能会有帮助？
识别潜在的共同价值	业务单元，业务拓展和公司战略	营销战略和经营战略	与目标、定位和资源相符合	商业经济，预测
管理合作关系	法律人员，拥有组合的单元	激励机制和治理决策	决策制定实践，风险管理	组织行为学，法律框架，项目管理
分享共同价值	财务人员和业务单元	评估目标和方法	最低回报率，利润目标，期权价值	谈判和评估技术

关键领域四：变革与创新

原则：重混战略帮助你快速行动

在商业环境中，你每天都在应对变化——快速的、不确定的、具有破坏性的变化。如何管理这种变化对成功至关重要。一些战略家认为，竞争优势先天就不稳定，只有保持快速移动的战略才可以胜过对手。因此，需要灵活敏捷地寻求机会，并对竞争对手做出反应。重混战略是帮助你管理变化的完美工具。

重混战略也完美适用于激发创新，就如一个世纪前约瑟夫·熊彼特提出的设想。产品创新常常依赖外部资源，如上文所讨论的苹果公司的案例。另外，企业使用重混战略转变商业模式，如 IBM 运用联盟和收购进入软件和服务领域。重混战略还创造了竞争的新形式，如航空业中的群组。最后，全新的产业可以通过组合形成，如创造了物联网的智能和连接设备，由此形成方兴未艾的新一波产业浪潮。

追根究底，创造业务组合是快速重新定位企业的途径。有些类型业务组合的柔性会比其他类型强。通常，相对于更容易做出改进的联盟和群集，收购和合并代表了对发展方向的坚定承诺。退出联盟常常比反向合并成本要低。

在资源组合相互竞争的世界里，更换和增加合作伙伴、发展群集是非常重要的战略举措。事实上，联盟群集易进易出的性质，导致了合作伙伴的竞争，就像有时竞争者之间的收购竞购战一样。

考虑航空公司群集忠诚度的周期性变化。在美国大陆航空公司与联合航空合并未满一年时，它就已经从达美航空公司所在的天合联盟转投到美国联合航空所在的星空联盟了，全美航空公司在与美国航空公司合并前已经退出了星空联盟。有时这种转变具有争议且不会发生。达美航空公司曾努力说服日本航空公司离开美国航空公司的寰宇一家群集，但是没有成功。

比起合作伙伴的产品和技术会相互关联的行业，这种转变更容易发生在航空业。对于航空公司而言，退出群集需要支付退出费用，但除此之外，转变不过是改变品牌、里程计划、日程安排和重新安排登机口等。在技术紧密联系的群集中，比如 Wintel（个人电脑领域的英特尔和微软），来自一方或另一方想要剔除新合作伙伴的威胁，就像在航空业中一样具有威胁性，但是更难执行。

在内部重新排列群集也会产生重大影响。如上所述，为了快速进入智能手机市场与苹果竞争，谷歌发展了安卓群集，但安卓领域面临分散和有些市场人口过密的威胁。谷歌收购摩托罗拉的举措，在一定程度上是为了支持某一手机制造商，并使软件和硬件更紧密地整合。然而与此同时这一举动疏远了部分谷歌的手机盟友，这些盟友想知道谷歌是否会偏爱它们。针对这一情况（因为谷歌在制造硬件产品方面相对缺乏经验），谷歌很快将摩托罗拉的手机资产出售给联想。手机生产商三星不断成长的能力促使了群集的进一步重组。因此，像安卓这样的群集能迅速发展，部分是因为群体内的单个企业都遵循自己的战略来获得能力。

新的组合也可以阻止竞争对手是这些转变带来的必然结果。原则上，每一个新联盟都会创造一段新的友好的合作关系，也会产生若干新的竞争对手——没有被选择的企业或者在未来合作中落选的企业。基于这个原因，每个新联盟可以针对未来的求购公司建立合作壁垒。管理者不太可能承认这样的动机；这种策略也不会作为论据出现在新闻稿中。但是，这些策略似乎隐藏在一些交易背后。例如，谷歌投资10亿美元给美国在线-时代华纳，很可能是为了让美国在线避开微软的势力范围。几年之后，微软和雅虎合伙是为了分担搜索引擎技术的成本，毫无疑问也是为了让雅虎避开谷歌的势力范围。这些联合对于强大的对手而言都不是无懈可击的防御，但是在阻挡对手时，这种策略是相对低成本的方法。

加入群集可以快速扩大竞争策略的范围，不只是扩大组织资源的选择。增加了柔性的战略，有助于管理环境中的不确定性和风险（请参阅专栏“柔性使你的朋友冒风险”）。

洞见

柔性使你的朋友冒风险

变化带来了不确定性和风险。处理新组合风险的一个方法，就是将它们看作实物期权。类似于金融期权，实物期权就是以低成本购买你现在的机会，为了之后更大规模的投资。顾名思义，金融期权赋予你买进卖出金融资产的机会，实物期权就是让你购买或出售实物资产，如经营业务或制造厂。因此，购买实物期权意味着少量投资的交易为扩大更多资源的投资创造了条件。

即使不是全部，也有许多业务组合可以看作实现更大规模投资过程中的一小步。实物期权的方法对大型收购往往不起作用。但是小型收购会这样做，如共享大型资产的投资、有限股权支出的联盟、企业中的少数投资和其他合作关系。例如，一些合资企业是完全收购和资产剥离的过渡阶段。所以联盟可能是企业间更好、更深层次合作的第一步。或者在不同条件下，这些期权可能会分解，许多联盟和合资企业也是以这样的方式结束的。

将业务组合当作实物期权的优势，是它给出了预先管理风险的方式。期权提供了应对风险的方式，却不会束缚你的双脚。如果事情发生了，你就扩大交易；如果事情被拒绝，你就解散它。根据新信息决定今后该如何行动的能力，本身就有价值。

使用这种方法，风险得到了管理，组合的柔性变成了好处，而不是一种负担。这样，组合可能会拥有超出预期收益的期权价值。不要只是以静态的最低资本回报率评价组合的提议，请问如下问题：

● 联盟或者小型收购创造了哪些机会，即使我们之后可能决定不使用这些机会？

● 通过进行小规模投资我们可以获得什么市场技术信息？在之后较大的组合中，这些信息将会如何帮助我们？

● 组合是如何充当较大战略的先导实验的？

● 哪种组合在一定程度上是可逆的？

● 甚至在我们还不是很确定新领域的战略时，联盟或者小型组合是如何阻止竞争对手进入新领域的？

实践：在组合的浪潮中，遵循逻辑，而不是跟风

联盟和合并是如此灵活的工具，所以它们常常迅速传播。每当行业中的关键人物出于某种原因开始使用业务组合，他们的竞争对手就会紧随其后。在航空、计算机、医药、银行、媒体、通信和其他产业中都有这种模式。为什么？当某种热潮打击了你的业务，你应该跟风吗？

应该遵循浪潮的逻辑，而不是管理方式。在决定加入组合之前，请考虑以下理由：

● **应对商业环境的变化**。对组合浪潮最简单的解释就是，企业正在对商业环境中的共同变化做出反应。例如，当某个新技术的出现有利于联盟的形成，行业中的大多数企业将寻找合作伙伴。也许你的竞争对手知道些什么，查一查吧。

● **匹配竞争对手的能力**。企业经常追随彼此的战略举措。这样做可能会降低企业领先的可能性，或者更重要的是导致企业落后于竞争对手。思考竞争对手的组合如何改变你的业务，考虑你是否需要仿效它们。

● **追求先发优势**。有时候，成为第一是成功的关键。当一个行业具有高规模经济、高顾客转换成本和陡峭的经验曲线，竞争对手可能会在早期尝试占据主导市场份额。组合可以缩短建立领导地位所需的时间，或者使后来者更迅速地削弱主导企业的地位。

● **先发制人**。在组合中先发制人可能具有优势，因为在任何时候合作的机会都是有限的。组合给了你选择优秀合作伙伴的机会，并且排除了竞争对手与有吸引力的合作伙伴组合的可能性。实际上，先发制人的合作关系成为竞争对手的合作壁垒。

能在多大程度上应对这些战略反应是否有限制？没错。每个组合浪潮都有其局限性。最简单的局限性便是市场过于拥挤。由于联盟形成的热潮，市场中合适的合作伙伴将减少。行业的饱和状态会促进形成战略僵局，由此限制你的组合选择。

其他限制群集成长的因素并非来自外部环境，而是来自内部约束。管理者经常将自己“带宽”的不足，作为联盟形成和合并整合的约束。协商协议需要努力，以及主要的联盟需要最高管理层持续、直接以及亲力亲为的参与。

这些管理要求随着群体规模和交易复杂性的增加而变多。

此外，随着群集中成员数量增加，合作变得日益困难。同时，利益冲突将增加群体的协调成本，也会限制实施共同战略时群体可达到的一体化程度。发生这种冲突时，群集领导者常常以重组群体的方式来应对。其实就像单一的联盟一样，具有多个成员的群集，往往为了应对新的挑战而重塑群集。

关键领域五：投资回报

原则：从两个层面获得价值——组合和成员

战略的最终目标当然是实现高绩效。所以，自然想要借助战略选择对绩效承诺的贡献来评估战略选择。在群体对抗群体，或者组合对抗组合的新世界中，坚持使用传统度量方法会导致错误决策。在这个世界里，组合中的绩效需要在不同的层面进行度量。

在评估资源组合时，应该将资源组合看成一个整体还是其组成部分？做个类比，棒球比赛中什么更重要？团队的胜利还是队员的个人成绩，又或者可能是球员的助攻表现？这完全取决于个人立场，球队老板和队员的想法是不同的。

在某些资源组合形式下，“球队老板”对组合整体的成功更感兴趣。当企业或者一批普通股东拥有资源组合时，往往就是这种情况。但如果组合的要素由不同的利益方拥有呢？这通常发生在相关群集中，独立公司除外。因此，企业就有可能根据自身情况来衡量成功与否。换言之，企业的目的是使自己的资源获得回报。但矛盾的是，回报又取决于整体群体的绩效。

资源所有者最终获得的回报源于两个因素之间的相互作用，如第五章所示。第一个因素是组合在群体外部的竞争中创造共同价值的程度。资源组合作为一个整体如何表现？（潜在规模优势和范围优势奏效了吗？商业系统中紧密整合的互补部分的潜在价值如何？价值实现了吗？）第二个因素是每个成员增加价值的程度，以及组合内部每个成员的议价地位。（每个合作伙伴实现了预期的增值吗？某个合作伙伴的贡献大于另一个吗？如果是这样，这个合作伙伴应该在已获得价值的基础上获得更多价值吗？）

这两个因素提供了一种方式，让我们能够理解经济学家口中的双边困惑。当两家企业在产业价值链中的位置是连续的，同时在各自的市场中拥有市场力，那么，双方都将尽力获取利润以弥补成本。因此市场上的最终价格通常会高于两家企业合并后的价格，以至于价格高到超出市场价格。换言之，企业需要管理价值链，首先着眼于整个蛋糕，只有先获得整个蛋糕，才能考虑如何分配蛋糕。

在低端激光打印机业务上，施乐和其合作伙伴富士胶片碰到了这个经典问题。施乐的全资企业在美国的低端打印机业务上拥有市场营销资源，合资企业富士施乐在日本拥有研发制造方面的资源。作为一个群集，两家企业一起与单独企业佳能竞争。佳能在这两个市场中拥有类似的资源，但是通过集成链管理业务，施乐和富士施乐首先面临经典的双边问题：群集中的每个部门都想涨价，导致产品缺乏与佳能产品抗衡的竞争力。

解决方案是在合作关系中组合业务，统一计算价值链中的成本和最终收入，运用公式计算支付最终利润。这样合作伙伴就能首先关注整个价值链，之后再关注利润分割。这一创新除了能够促进研发和市场营销的一体化，还使得施乐集团在这个特定市场的地位得到了实质性改善。

在重混策略中，类似于施乐和富士的情况，不只是经济学教科书中难以理解的困惑，它们普遍存在。无论何时企业作为整体一起竞争时，它们需要关注重混战略的两大要素：（1）群体优于外部竞争对手的竞争优势；（2）优于群体内部其他成员的自身竞争优势。

多级竞争的原则使我们认识到，企业最终会要求自己的资源得到相应的回报，无论是作为竞争对手还是竞争对手群体的成员。战略博弈可能发生了变化，复杂的群集正在与企业作斗争，但我们还是用老方法保留得分。

实践：评估组合时重新调整投资回报率的基准

许多企业在设置新项目的基准时会运用到简单的术语：

最低资本回报率。严格说来，最低资本回报率是以企业的资金成本为基础。如果新项目的收益高于这个比率，就值得一试。

重混使问题复杂化，是因为在很多方面它们与投资选项没有严格的可比性。为了确保正确评估组合项目，退一步考虑，哪些基准是与它们相关的。

如果预期收益达不到企业的资金成本，那就不值得投资。但是，实际投资项目可以获得更高的收益，特别是在它们具有强大竞争优势时。这就是为什么成功的多业务公司的传统核心业务，比非核心业务和新业务有更高的收益。

因为业务组合与非核心业务具有某些共性，所以需要用同样谨慎的态度评估组合。但这并不是说，对战略而言外部资源组合没有核心业务重要。事实上，可能需要扩大非核心业务来维持核心业务的竞争优势。然而，企业经常无法拥有并且控制项目所需的完整能力，凭借这些能力企业可以在市场上领先。从这个层面上讲，企业拥有的能力是不完整的，所以更有成效的方式是与另一家企业合作。

通常，业务组合的收益低于企业的全资核心业务收益。另外，企业不应该将其在全资业务的历史经验作为指南。业务组合的最低投资回报率，应该反映出企业对投入到联盟的能力的最好内部使用情况。最近 IBM 一项关于创新实践的调查显示，相较于传统项目，业绩最好的企业会在创新项目上使用较低的最低投资回报率；一些缺乏创新的同行对这两类项目，使用相同或者更高的最低投资回报率。这似乎有悖常理，因为创新项目本身具有风险性。但是，为了满足核心业务的最低投资回报率而采用创新项目，一定会使它们缺乏投资。

谷歌的组合战略证明了上述观点。早期，谷歌的业务有名是因为它高度重视核心业务：互联网搜索和相关广告收入。然而，现在谷歌的利益来源远远超出了它的核心业务范畴。谷歌的大部分利润仍然来自于搜索业务，少部分来自非核心业务，包括受欢迎的安卓智能手机操作系统。谷歌在外围投资了大大小小的业务组合，从收购 YouTube 到对安卓用户的（免费）许可。这些组合的回报，肯定低于谷歌全资业务的利润。

但是，这些组合是谷歌扩大其核心业务战略中的一步。YouTube 和安卓拓展了谷歌在市场上的角色，超越了台式电脑文本搜索这一传统核心业务的角色。某些组合很可能是为了保护全资资产或阻止竞争对手领先。同时，每一举措都是实物期权，使得谷歌今后可以寻求多样发展。（请参阅本章前段专栏“柔性使你的朋友冒风险”。）

谷歌的财务状况不允许这些新业务的盈利能力崩溃，更不要说每个组合了。但是，仅用传统的投资回报率评判新业务是不合理的，还应该和企业的全资公司相比较再做出评价。

当企业使用过于简单的指标，如销售利润率、营业利润率等作为判断成功的标准时，问题就变得复杂了。例如，特许产品的利润会低于内部开发的产品。但是，特许产品的低利润与低开发成本可能是平衡的。

尽管如此，许多企业的错误在于，低估了潜在组合的收益。例如，当企业无法用为核心业务开发的严格标准证明预期收益的合理性时，可能过早地搁置企业战略。它们认为组合的关系风险是它们保守的另一原因。只要全资业务势头强劲并且保持高收益，保守的方式可能会起作用。然而，有时候当核心业务下滑时，已经来不及改变方向了。而且，当涉及众多合作伙伴，一些企业会疏于考虑群集的整体运行状况（请参阅专栏“积累充足的资源，但避免过多”）。在评估重混战略时，要有开阔的眼界和长远的眼光。

洞 见

积累充足的资源，但避免过多

一些群体竞争的分析师认为，群体或群集中领导企业最好的立场是获得“充足资源但避免过多”，以维护群体作为一个整体的运行状况。这样的规定看起来是明智的，即使它有点模棱两可。上限和下限限制了企业应该从投入到群体竞争的资源中的获利，现在，你有了可以用于考虑这些问题的概念。

企业在组合中收益的下限定义起来最容易。正如本章开头提到的，实际上几乎所有业务组合都出于优先用权或者至少是可选择权而重组资源。外部选择中的资源收益，为企业应该在任何新组合中获得什么设定了下限。如果这些企业不能从群体中获取“充足的”价值，它们就会离开这个集合。例如，大陆航空在星空联盟比在天合联盟中得到了更好的待遇，所以它离开了天合联盟。

无论做什么，都要注意避免从组合中获取“过多”价值，即使你可以做到。如果一方获取太多价值，群体的整体竞争优势可能会退化。例如，多年来可口可乐的大部分利润来自于生产出售给独立灌装厂的浓缩饮料汁。利用企业在供应链中的市场力量，即使实际上瓶装可乐的最终价格下降了，可口可乐却成功提升了浓缩液的价格。可口可乐相对于灌装厂较强的议价地位促使了这种差异的形成。但是这也使得灌装厂的利润下降，许多灌装公司不得不削减投资和服务。最后，这也损害了可口可乐自己的战略，因为兴旺发达的灌装厂是整体系统中的关键市场渠道。

在一定程度上，可口可乐群集幸存，是因为它收购了许多自己的灌装厂并且增加了对分销渠道的投资。如果它没有这样做，可口可乐的业务会面临风险。因此企业在群体中收益的上限，可能是由群体自身的生死存亡设定的。

重混战略就握在你手中

希望读完这本书的你，可以自信地说已经掌握了一种思考业务组合和战略的新方法，并且拥有将想法应用于实践的工具库。

以新的方法组合资产是创造价值强有力的途径，比许多人认为的更常见、更有效。按照约瑟夫·熊彼特的观点，我将创造价值的方法与创业画上了等号——不仅仅是新公司的成立，也包括成熟企业的转型和重组。通过重混和匹配资产，可以创造出更好的新业务，或者将旧业务改造成更好的业务。

不过，最重要的是你最终从本书中获得的想法。将书中的想法与你的想法和别人的想法相结合。本书的主题不是只适用于商业战略。在发明和创新以及个人生活方面，重混和匹配的艺术是一种生活方式。本书真正的价值在于你自己的重混。

附　录

重混战略工具集

REMIX STRATEGY

The Three Laws of Business Combinations

以下内容展示了正文所引入的管理工具，并就如何使用它们进行了说明。由于每个工具都在正文中介绍和解释了，因此，在拓展内容中重温它们并列举应用的例子，你可能会发现一些有益之处。在少数情况下，下面的工具或注释对正文相应图形进行了少许修改。

在使用这些工具时，你需使它们适应现实情况。这是你发展企业自身做法的基本出发点。在现实中，每一个业务组合都涉及这些工具不包括的复杂性——规则、法律框架、文化因素以及特色等。当考察这些复杂性时，该工具有助于你专注于为企业创造价值的战略目标。

这些管理工具列示如下。

重混战略的路线图

1. 重混的三大法则
2. 重混战略中的关键决策
3. 关系谱
4. 绘制企业的关系足迹图

第一法则：确定潜在共同价值

5. 共同价值的来源
6. 剖析企业价值栈
7. 寻找有潜力的业务组合

第二法则：治理合作关系

8. 三种关系模型：交易、联盟和合并
9. 共同价值如何形成治理
10. 在供应商和合作关系之间选择
11. 评估合作伙伴的匹配度
12. 设计和管理联盟

第三法则：分享共同价值

13. 如何在组合中获取价值的决定因素
14. 组合中的合作伙伴定位
15. 掌控竞合

多合作伙伴群体中的三大法则

16. 群集谱
17. 共同价值如何塑造群集
18. 设计和管理群集
19. 群集中的价值分享

协调关键决策的三大法则

20. 一起思考重混战略

工具 1：重混的三大法则

识别潜在共同价值

第一法则

组合创造的价值应超过各
企业单独创造价值的总和

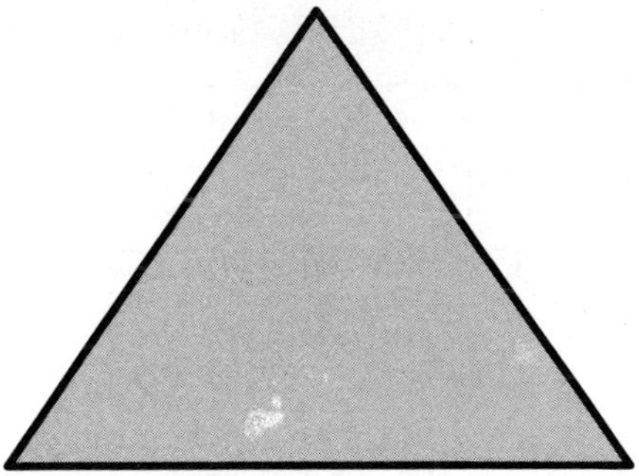

管理合作关系

第二法则

为实现共同价值，组合必须
精心设计和管理

分享共同价值

第三法则

共同价值的分配必须激励
各成员做出相匹配的贡献

该工具用于决定何时、如何以及为何构建业务组合。上述法则是任何业务组合得以成功的必要和充分条件，无论其类型或目标。

（进一步讨论参见正文第 15 页。）

工具 2：重混战略中的关键决策

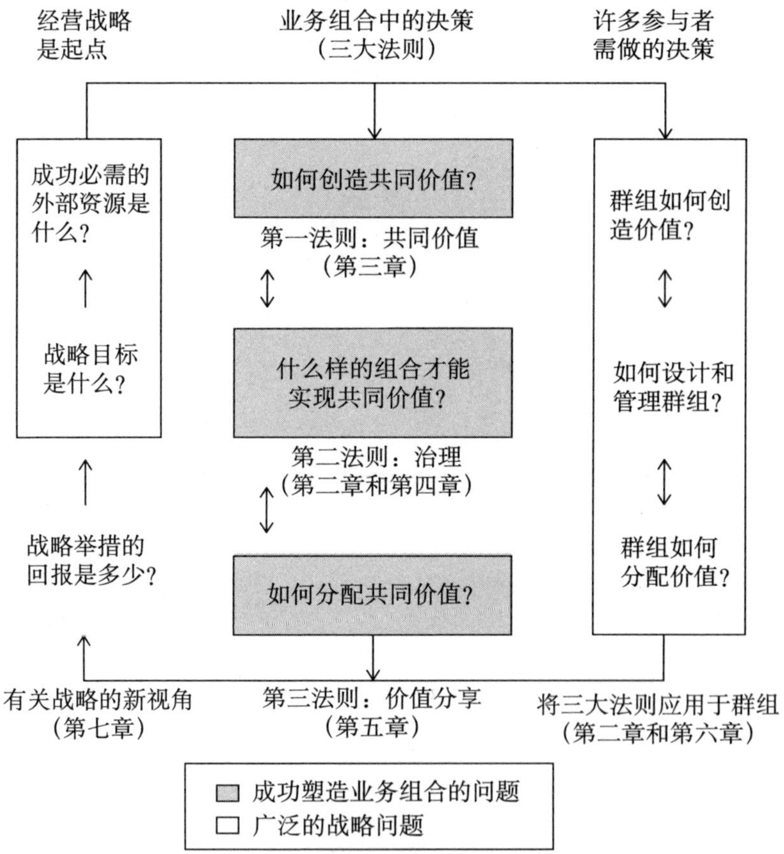

该工具用于确定在重混战略中所需做出的决策序列，并指出本书哪些部分有助于做出这些决策。指导你回答这

些问题的原理既适用于单个交易，也适用于群组交易。本书聚焦有利于业务组合成功的问题（灰色方框），并就更广泛的战略问题提供新的视角（白色方框）。

（进一步讨论参见正文第 24 页。）

工具 3：关系谱

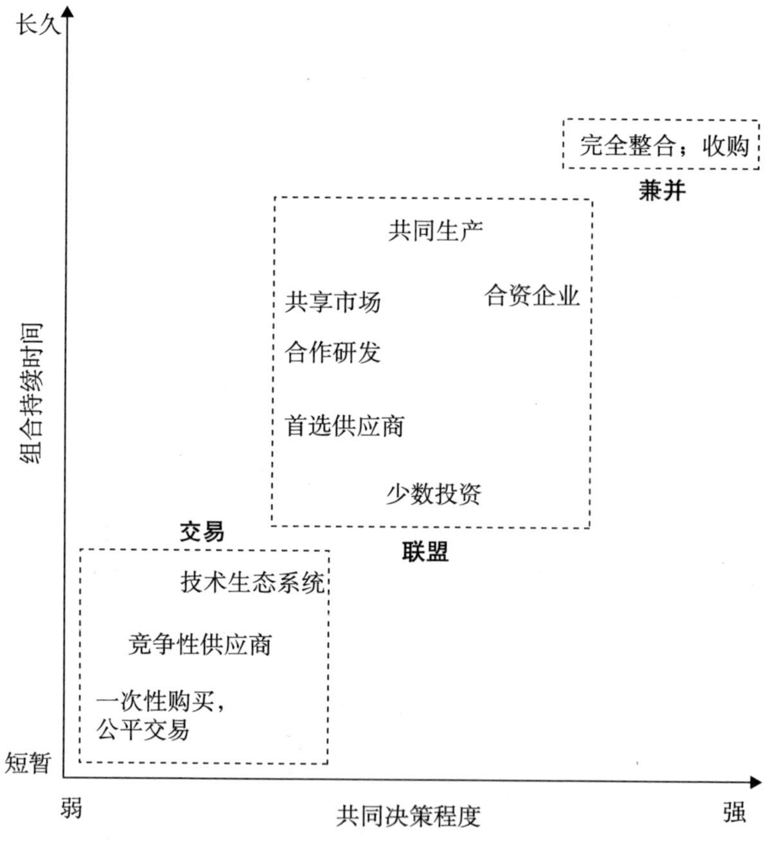

该工具用于评价现有和未来所需业务组合的类型。由于描述不同业务组合类型的精确术语因行业而异，因此，

更重要的术语是交易、联盟和兼并。公司交易只是简单地购买和销售商品或服务；联盟是更紧密地一起工作，但保持各自资产所有权的独立性；兼并则是将所有资源合并到一家公司。工具 8 进一步解释了这些术语。

关系谱并不表明哪种组合形式最好，图中更高处也不意味创造更高价值。只有结合特定组合的背景及意图，才能确定哪些形式更有效；工具 9 和工具 10 有助于做该决策。

（进一步讨论参见正文第 36 页。）

工具 4：绘制企业的关系足迹图

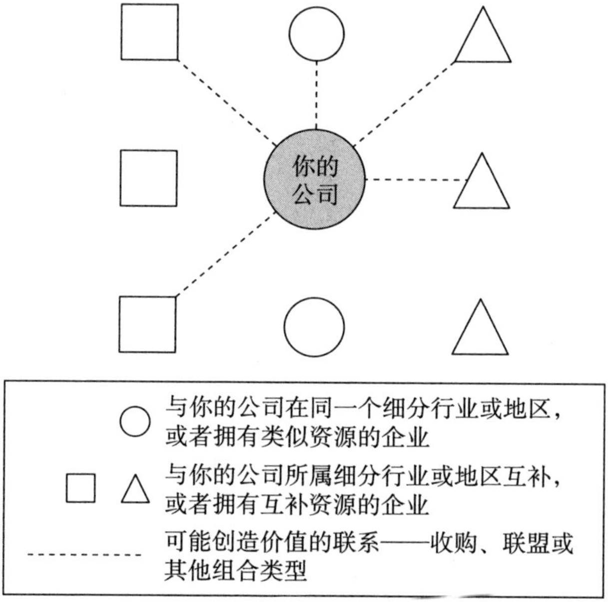

该工具用于绘制企业目前和未来的关系足迹，每个图与关系足迹具有独特性，反映了所涉公司的能力、目标以及竞争地位。为绘制你的企业关系足迹图，先准备一张（大的）白纸，并依次采取以下步骤：

1. 确定目标和成功所需资源。这可能包括获取市场和技术的资源。

2. 在该领域描绘当前的组合。包括联盟和目前的收购。

3. 描绘企业为获取新资源或市场所需的潜在联盟和收购。

4. 评估目前和未来关系足迹的关键联系。哪些交易应该优先考虑?

5. 绘制竞争对手的关系足迹，并将之与企业关系足迹进行比较。

(进一步讨论参见正文第 51 页。)

工具 5：共同价值的来源

共同价值的基本来源	为何企业组合可以创造价值
增加规模	• 大量生产降低生产成本 • 大量销售或购买增强市场力量 • 专业化提高规模经营效率 • 大量用户产生的网络效应
扩大范围	• 大量资源共享节省成本 • 交叉和联合销售增加需求
改善协调	• 减少供给和需求的不确定性 • 特定资产投资的更高激励 • 降低依赖和滞留风险 • 增加产出和活动的适应性
增加选择	• 增强对冲未来不确性的结果的能力 • 提高对新信息作出反应的能力 • 增强战略和环境变化的灵活应对能力

该工具用于确定业务组合的价值来源。例如，如果增加规模看似是业务组合的主要目的，则可分解出具体细节原因——降低生产成本，增强市场力量，聚焦专业化或产生网络效应。了解创造何种价值的具体机制，有利于企业决定组合哪种资源，以及如何管理业务组合。

（进一步讨论参见正文第 67 页。）

工具 6：剖析企业价值栈

概念：企业价值栈		
产出		• 产品 • 服务
活动		• 将投入转换为产出的业务
资源	能力	• 技能 • 诀窍 • 组织才能
	资产 • 无形 • 有形	• 品牌 • 版权 • 技术 • 资本设备 • 土地

该工具用于评价企业自身及其合作伙伴竞争优势的根源。价值栈可与著名的价值链模型相媲美，而价值链是另一种思考企业关键部件的方式。该工具表明，竞争优势可能来自特定资源、活动和产出（右列有详细说明）。在企业内部，这些元素通常互补：某些资源与其他资源及某些活动搭配最佳。该工具并不表明哪家企业拥有价值栈的具体内容，而仅揭示价值栈所有部分都有可能为企业创造价值的潜力。该分析同样适用于工具 7。

（进一步讨论参见正文第 78 页，该部分内容包括石油行业的例子。）

工具 7：寻找有潜力的业务组合

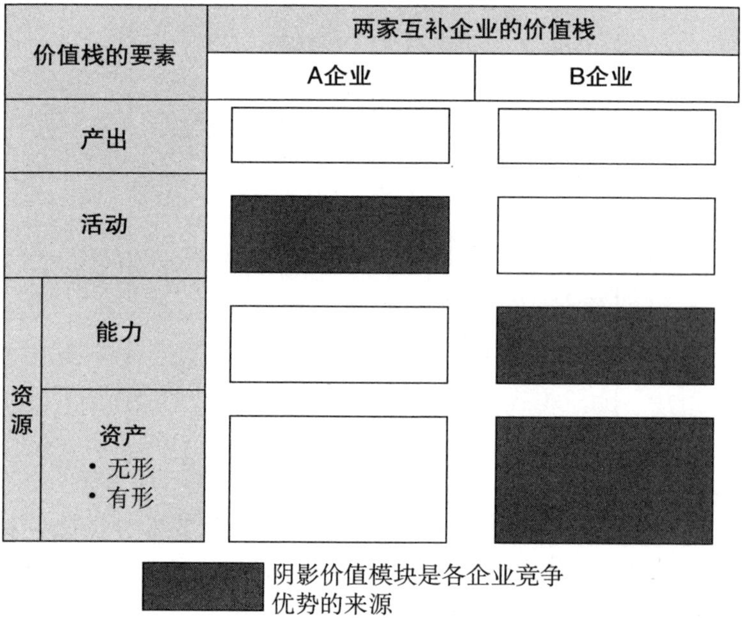

该工具用于识别并评价潜在组合需关联的资源类型。将企业价值栈与一家或多家互补企业进行比较。为创造共同价值，需要决定组合各家企业的何种价值模块。阴影方框显示了企业 A 和企业 B 竞争优势的不同之处；共同价值通常来自于关联不同的价值模块。该工具有助于发现业务组合需关联的相关模块；工具 8，9 和 10 有助于决定业务组合的形式。

（进一步讨论参见正文第 86 页。）

工具8：三种关系模型：交易、联盟和合并

	如何创造共同价值	关系如何治理	价值如何分享
交易	独立的各方通过交换产出来协调活动	每一方都负责基于价格信号的自身决策	公平分享：开始时设定交易条件（主要是价格），各方的成本决定交易的盈利性
联盟	通过分享某些利益的各方之间产出和资源的交换来协调活动	通过合同协议和管理沟通，各方都影响其他方的行为	随时间调整支付：按照利润分享机制，合作条款和资源分享回报随时间调整
合并	通过共同管理和利益来协调活动	各方行为受制于共同所有者的控制权和公司内部政策	现在支付，后来产生利润：收购价格是卖方资产的回报，买方获得剩余利润或损失的权利

该工具用于评价和选择各种形式的组合。该工具概括了三种主要关系模型的基本特征，这在工具3和9中也有一定体现。上述表格具有一般性；在现实中，企业交易可能具有略微不同的特征，或可能是一种或另一种模式的混合。但它展示了三大法则如何体现在三个关系模型中。例如，如果选择联盟，则相应部分表明共同价值如何创造、如何管理合作关系，以及如何分享价值。相反，如果更喜欢某些管理特性，则该偏好将促使你选择关系模型中的一种。

（进一步讨论参见正文第94页。）

工具 9：共同价值如何形成治理

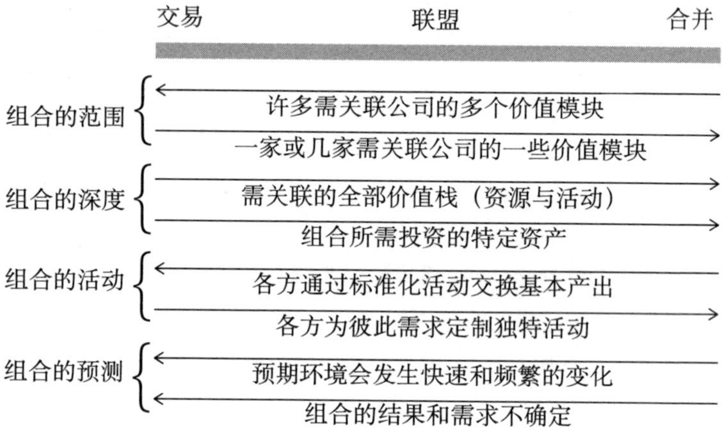

该工具用于评估最适宜组合价值创造战略的组合形式。尽管产生共同价值的必要条件决定了组合的最佳治理模式，但交易中的不同条件可能会决定不同的选择。考虑该选择最好的方式是视其为控制序列，从而可能变通地响应某些条件。

该工具展示了一些形成治理的最重要控制条件。例如，当许多不同公司需要多个价值模块时，治理应倾向于尺度的左方（第一个箭头的头部）。然而，如果参与方需投资于特定资产，治理应倾向于尺度的右边（第四个箭头的尾部）。最终选择取决于图示变量的上述权衡。工具 10 运用了该工具，它聚焦于交易（供应商）和盟友（合作伙伴）之间的选择。

（进一步讨论参见正文第 100 页。）

工具 10：在供应商和合作关系之间选择

条件	供应商：可能为完全合同且有效	合作关系：可能需要有效管理的开放式合同
技术	成熟、稳定	新兴、变化快速
价格、成本	了解、容易预测	不确定、易变动
客户要求	可以制定详细规格	不知详细规格或易变
竞争性环境	市场稳定、产品通用	动态市场、差异化产品
任务要求	很好理解、可预测	不确定、需决定
投资需要	通用资产、不交易价值也相等	专用资产，交易才最有价值
关系依赖	程度低，很多竞争对手	程度高，很少其他合作伙伴

该工具用于评估从交易到联盟的组合最佳形式，即工具 3 中提出的关系谱。图示合作关系（联盟）和供应商关系（交易）的选择取决于各类适用条件。例如，如果技术新颖且快速变化，则合作关系是比供应商关系更好的选择，因为该协议必有需加以管理的漏洞。另一方面，如果技术成熟且稳定，则更有可能是明确的合同规定，因而选择合作关系可能小题大做——简单供应商关系的管理成本更低。该表格是工具 9 中更广泛分析的补充。

（进一步讨论参见正文第 115 页。）

工具 11：评估合作伙伴的匹配度

考虑的问题 （基于重混三大法则）	合作伙伴的相对情况	匹配潜在合作伙伴		
		A	B	C
潜在共同价值是什么？（第一法则）	互补能力：各方有他方需要的			
能否一起实现共同价值？（第二法则）	目标和战略兼容：不必相同，只需不冲突 共同的项目愿景：合作目标取得共识 有限的竞争性利益：直接或间接冲突最小			
各方的收益是多少？（第三法则）	收益的可接受性平衡：双方均需获得激励和承诺			

该工具用于评估企业与联盟伙伴的匹配度。在决定是否构建联盟或设计和管理联盟时，这种评估可能有用。联盟合作伙伴之间的较好匹配需满足重混的三大法则。表中列示的标准适用于每个法则，而对于每个标准，某个合作伙伴可能看起来比另一个更合适，且该排序可能随准则不同而有很大变化。例如，一个互补能力很强的合作伙伴，可能不具有兼容的战略或有竞争利益。那么，为选择合作伙伴，企业需在这些准则之间进行权衡。

（进一步讨论参见正文第 117 页。）

工具 12：设计和管理联盟

联盟设计

- **向所有关键职能的员工提供合作激励**。很多员工对与外方的合作都不太自然，销售人员、工程师和业务部门经理需从与外方的合作中获得有形利益。
- **确定联盟该做和不该做的事情**。尽管合作伙伴之间有时存在竞争，但竞争若超出合作的程度将有损合作关系。这需要精心的合同设计，并仔细考虑战略方向。

联盟运营

- **定义合作伙伴的角色**。劳动分工，有时是决策权划分，可以让每个合作伙伴专注于最擅长的业务。例如，合资企业中的一个合作伙伴可以经营本地工厂，但双方将共同做出计划和投资决策。
- **建立联合决策程序**。联盟典型的开放式合同依赖于联盟自身，以及合作伙伴之间的有效决策程序。对于合资企业，这些程序在公司章程中规定。在其他类型的联盟中，企业可能有关于如何决策和什么问题更受重视的协议。

关系管理

- **管理共同业务与合作关系本身**。完成该两类任务或角色可能需不同的技能和人员，以区别联盟在技术上的成功与合作关系本身的健康。
- **建立并维持信任目标**。协商好合同，加强个人交往，行动可靠且互惠。是的，这些做法说起来容易做起来难。信任不会随便产生，必须靠具体的管理工具来建立和培育。
- **高效配置资源的联盟管理**。尽管上述所有做法都不可能轻易办到，但低效资源配置的联盟管理是企业最常见的错误，即使对大型的实力公司也不例外。

该工具有助于设计和管理联盟。此处成功的关键在于通过设计和管理联盟，从而维持创造共同价值所需的合作关系。进一步的细节取决于联盟的条件，联盟的具体最佳做法，在不同企业和行业中有所不同。这里列出的成功原则，可指导发展企业的自身实践。

（进一步讨论参见正文第 121 页。）

工具 13：如何在组合中获取价值的决定因素

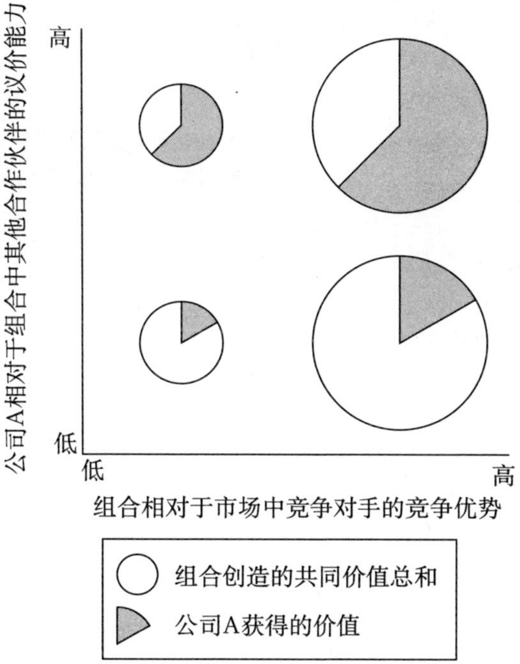

使用该工具判断组合中每一方最终能获得的价值。这些收入取决于两个层面的竞争过程。组合与其外部竞争者（横轴）之间的竞争，决定组合创造的共同价值的总和——蛋糕的大小。企业与其合作伙伴（纵轴）之间的议价影响你能获得的蛋糕大小。为了理解和管理价值分享关系，请密切关注这两个过程。

（进一步讨论参见正文第 158 页。）

工具 14：组合中的合作伙伴定位

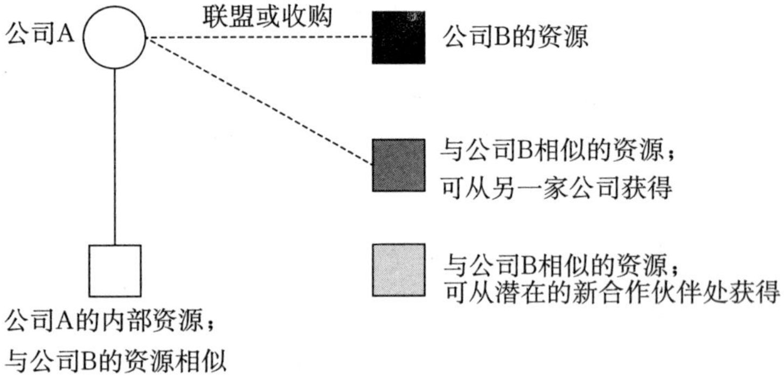

使用该工具评估组合中你与合作伙伴之间的相对议价能力，无论是在联盟中还是在收购中。该简单示意图旨在说明合作伙伴定位中的关键因素。假设公司 A（圆形）需要资源（正方形）。该公司决定与公司 B（黑色正方形）建立联盟或者收购公司 B。然而，这些资源也可以从其他公司内部获得。公司 A 的选择越多，在与公司 B 分享价值时的议价地位就越高。在收购中，议价能力将会影响交易价格；在联盟中，价值分享安排将会受到影响。

（进一步讨论参见正文第 153 页。）

工具 15：掌控竞合

- 现实一点：什么是竞合。在企业计划合作关系的时候，时常没有诚实面对合作伙伴之间冲突的可能性。冲突是一个可理解的敏感话题。但是，首先需要在计划中解决冲突，然后与未来的合作伙伴对话。
- 小心一点：如果可以，避免竞合。极少有例外，与合作伙伴竞争对组合没有帮助。当竞争成本高时，最好避开合作伙伴或者甚至是联盟本身。
- 先发制人：如果可以，预先控制竞合。如果不能避免——也许是因为竞争环境使你别无选择——那么，可以尝试通过全面合并或资产互换预先控制竞合，实际上就是将所有竞争资产放在同一屋檐下。
- 聪明一点：如果不能避免，那就管理竞合。如果合并不成功——再强调一次，若无法避免与竞争对手形成组合——那么，尝试组织联盟使竞争最小化。例如，（合法的）领域边界可以使合作伙伴互相不进入对方的行业。
- 大胆一点：在特殊情况下，忽略以上建议直接投入。在某些情况下，竞争对手确实可能向着共同的目标合作，如加强基础设施和行业的生态系统。这种类型的竞合很难给予一方胜过另一方的优势，但有可能水涨船高。

使用该工具评估是否应该与竞争对手合作，以及如何与竞争对手合作。这样的合作很少作为首选，并且充满了风险，但有时候合作的收益大于风险——尤其如果你使用适当的防护措施管理风险。

（进一步讨论参见正文第 147 页。）

工具 16：群集谱

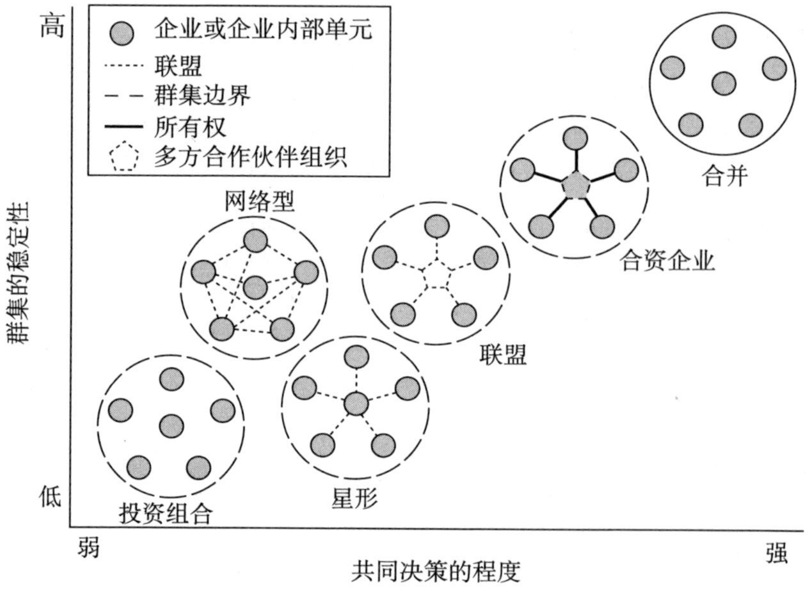

使用该工具评估你可能需要的群集类型。图中灰色圆圈代表企业，大虚线圆圈表示整体群集。（表示合并的图形是不同的，因为该群体依靠共同所有权联系在一起，所以灰色圆圈是大企业内部的业务单元。）在每个群集内，企业之间的联系是各类联盟——从松散的契约联盟（点虚线）到更紧密的股权投资（实线）。

与关系谱（工具 3）一样，你可以根据行业和企业的不同来使用该工具。如示意图所示，群集形式不同主要是由于它们的内部结构不同，表现为企业之间联盟的方式不同和内部联系的本质不同。

（进一步讨论参见正文第 187 页。）

工具 17：共同价值如何塑造群集

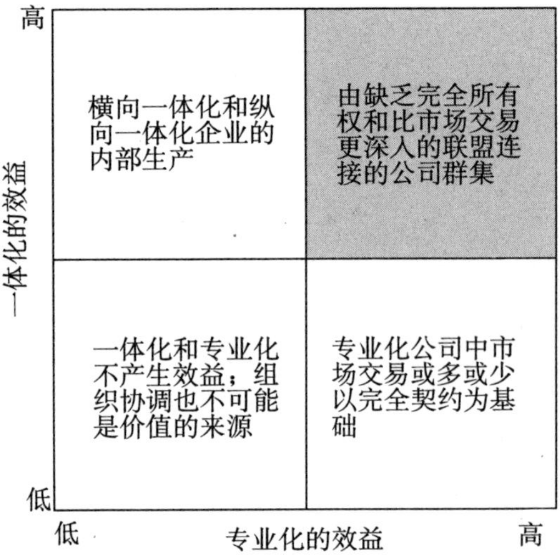

使用该工具决定如何最好地在市场中捆绑互补资源和企业以创造竞争优势。你的决定取决于两种经济力量的平衡。在一定条件下，合作伙伴群集可能是创造共同价值的最优途径，尤其在一体化和专业化都提供优势时（灰色象限）。在其他时候，一体化公司（左上方象限）或者相互进行交易的独立专业化公司（右下方象限）是不错的选择。当两个因素都不重要时（左下方象限），那么，这些组织选择不可能影响价值创造。

（进一步讨论参见正文第 178 页。）

工具 18：设计和管理群集

群集战略

- **全球视野，本地收益**。群集必须创造共同价值，并且与每个成员分享价值。在实践中，每个成员必须以全球化视野预测收益，全球视野使群集中所有成员团结在一起。
- **正确地重混要素**。群集的目的是将完整系统所需的价值模块紧密联系在一起。

群集成员

- **有选择性的成员**。群集中的成员越多，保持它们在一起工作就越困难。较严格的准入标准有助于引发成员更强的承诺。一些群集在与群集规模问题作斗争，通常先是疯狂生长之后再削减。
- **成员规范**。如果群集确实有必要扩大，那么值得找寻组织相似成员需要遵循的共同规范的方法。
- **有限的内部竞争**。管理群集的挑战也会随着内部竞争的增加而增加。避免成员重复并不总是可能的，也不总是令人满意的，但内部竞争可以管理。

群集领导层

- **核心的领导层**。单个成员或者一人一票模式无法保障群集的有效运行。实际上，因为成员规模和在价值堆栈中的位置，一个或几个成员将会领导群集。
- **战略顺序和成长时机**。群集的形成不是一蹴而就的，它们逐渐成长。因此，应该将注意力放在成员增加的先后顺序上，一些成员会吸引其他成员。有时候竞争者群集的兴起将迫使某些成员加入。

使用该工具塑造群集的设计与管理。进一步的细节取决于每个群组的环境——随着群集的发展，一个群集具体的最优方法会根据行业不同和时间而变化。这里列出的有效原则，是发展属于你自己实践方法的指南。

（进一步讨论参见正文第 197 页。）

工具 19：群集中的价值分享

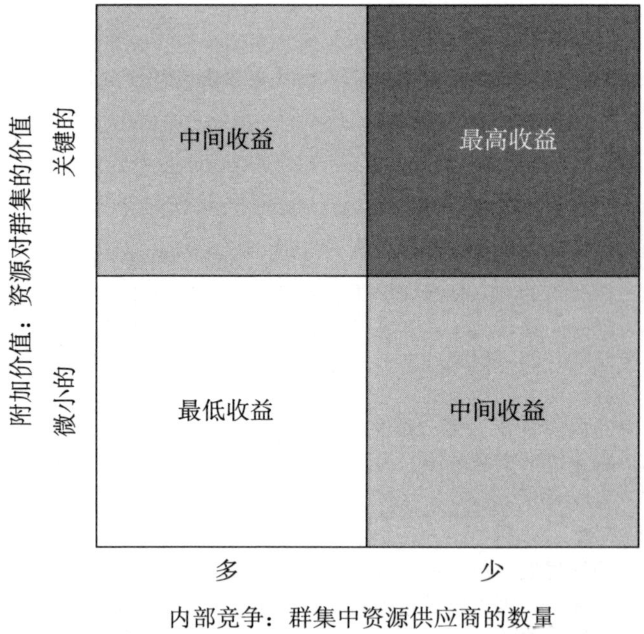

使用该工具评估每一个参与方可能从群集中获得的利润。收入的基本准则与单一组合相同（参见工具 13）。在一个群体中，你的价值份额取决于你为群集带来的资源的竞争力，与生产相同或相似资源的供应商数量间的相互作用。

（进一步讨论参见正文第 200 页。）

工具 20：一起思考重混战略

重混法则	通常由哪些单元负责？	哪种战略和活动与之相关？	可以使用哪种决策标准？	哪些学科和功能会有帮助？
识别潜在的共同价值	业务单元，业务拓展和公司战略	营销战略和经营战略	与目标、定位和资源相符合	商业经济，预测
管理合作关系	法律人员，拥有组合的单元	激励机制和治理决策	决策制定实践，风险管理	组织行为学，法律框架，项目管理
分享共同价值	财务人员和业务单元	评估目标和方法	最低回报率，利润目标，期权价值	谈判和评估技术

使用该工具将组织如何处理重混战略中的关键问题进行分类。重混三大法则中的每一条，都利用了不同的原则并且包含了不同管理单元职责的决策。若要成功管理重混战略，组织必须找到整合上述不同思维方式的方法。

（进一步讨论参见正文第 223 页。）

图书在版编目（CIP）数据

重混战略：融合内外部资源共创新价值/（美）本杰明·戈梅斯-卡塞雷斯著；徐飞等译．—北京：中国人民大学出版社，2017.3
ISBN 978-7-300-23849-4

Ⅰ．①重… Ⅱ．①本…②徐… Ⅲ．①企业战略 Ⅳ．①F272.1

中国版本图书馆 CIP 数据核字（2017）第 006602 号

重混战略
——融合内外部资源共创新价值
［美］本杰明·戈梅斯-卡塞雷斯 著
徐 飞 宋 波 任政亮 译
Chonghun Zhanlüe

出版发行	中国人民大学出版社		
社　　址	北京中关村大街 31 号	**邮政编码**	100080
电　　话	010－62511242（总编室）		010－62511770（质管部）
	010－82501766（邮购部）		010－62514148（门市部）
	010－62515195（发行公司）		010－62515275（盗版举报）
网　　址	http://www.crup.com.cn		
	http://www.ttrnet.com(人大教研网)		
经　　销	新华书店		
印　　刷	北京联兴盛业印刷股份有限公司		
规　　格	148 mm×210 mm　32 开本	**版　　次**	2017 年 3 月第 1 版
印　　张	8.75 插页 2	**印　　次**	2017 年 10 月第 2 次印刷
字　　数	154 000	**定　　价**	45.00 元